엄마로 눈부신 순간

김은지 에세이

에세이

프롤로그

 백 일 남짓한 아기를 보다가 남편이 바람 좀 쐬고 오라는 말에 바깥 공기를 마실 겸 무거운 몸을 이끌고 산책했습니다. 더운 여름, 밤낮 집안에서 아기만 보다가 바깥 공기를 마시니 이 시원하기도 했지만, 혼자만의 시간이 낯설기도 했습니다.

 아무 생각 없이 산책로를 따라 터벅터벅 걸으며 머리를 백지화하고 있었는데 갑자기 소나기가 내리기 시작했습니다. 간만에 나온 산책인데, 준비 없이 소나기라니요... 굵은 빗줄기에 당황하여 무작정 '책방 에센츠'에 들어갔습니다. 주변에 많은 커피숍이 있었지만, 평상시 책을 좋아했기 때문에 '책방'이라는 단어가 순간 저의 발걸음을 끌어당겼습니다.

 그곳에 들어가니 진열된 포근한 책들과 향긋한 커

피 향이 비를 맞은 저를 따뜻하게 감싸주었습니다. 그간 아기를 보느라 나만의 시간을 오롯이 가지며 책을 읽는 일이란 쉽지 않았습니다. 그런데 새로운 책들을 보니 다시 제 마음속에 있던 꿈의 열망들이 커피 향처럼 피어오르는 것 같았습니다.

그때 책방 창문에 붙여진 포스터를 보게 되었습니다. 사진 에세이를 출간하는 수업을 홍보하는 포스터였습니다. 결혼 전부터 사진과 글을 좋아했기에 너무나도 배우고 싶은 마음이 굴뚝같이 올라왔습니다. 마치 갑자기 내린 소나기처럼요.

눈에 넣어도 안 아픈 아기를 예쁘게 찍어주고, 나의 일상을 찍고, 주변을 아름답게 남기고 싶었습니다. 그리고 나의 일상을 중심으로 일어나는 생각과 마음을 솔직하게 써 내려가고 싶었습니다. 결혼하기 전에도 글쓰기가 너무나도 하고 싶었지만 일에 치여 미루고 미루며 다음을 기약하기도 했지요.

인연은 뜻밖의 시간과 공간에서 만난다고 하던가요. 비를 피하러 들어간 곳에서 저는 한 치의 망설임도 없이

'책방 에센츠' 대표님께 수업을 듣고 싶다고 신청했고, 그날부터 글쓰기와 다시 인연을 맺었습니다.

'백 일된 아기를 보며 글을 쓸 수 있을까…' 마음 한편에서는 부담이 되기도 했지만 육아하며 힘든 점과 기쁜 점을 마음껏 풀어낼 수 있는 나만의 공간이 있다는 생각에 안도가 되기도 했습니다.

오랜만에 쓰는 글이라 쉽지만은 않았지만, 글을 쓰기 시작하면서 일상 속 많은 순간이 의미 있고 소중하게 다가왔습니다. 처음으로 엄마가 되어 서툴기도 한 면과 잘해 나가고 싶은 마음, '엄마'라는 역할과 '나'라는 존재 사이에서 오는 거리감까지도 모두 담아내고 싶었습니다.

이 글을 쓸 수 있게 마음을 내준 남편에게도 정말 감사합니다. 더불어 육아로 힘들 때마다 용기를 주며 함께 글을 써 내려가자고 응원해 주셨던 책방에센츠 대표님께도 감사 인사를 전합니다.
육아를 하다 보면 저 '김은지'라는 존재와 멀어질까 불안해지기도 했는데, 저의 마음을 알아봐 주고 시간과 기회를 준 남편과 대표님이 계셨기에 부족하지만,

글을 써 내려갈 수 있었습니다.

 글을 쓰면서 저를 더 가까이에서 들여다볼 수 있어 좋았습니다. 아직도 끝나지 않은 여정입니다. 꾸준히 가보려고 합니다. 모든 엄마들도 제 글을 읽으며 함께 공감하고 꿈을 찾아가는 시간이기를 기대해 봅니다. 감사합니다.

2025년 쌀쌀한 초봄에
다온맘 김은지

1장. 달콤쌉쌀한 육아

엄마로 눈부신 순간	19
'지금' 아니면, 다신 볼 수 없는	27
엄마 냄새	33
여유 없는 여유	39
순간순간 나만의, 우리만의 빛깔	47
내 마음보다 네 마음이 더 크게 보여	55
엄마의 하루	63
정성스러운 삶	71
서로 통하는 마음	75
문센 가는 길	81

2장. 그리고 나

내가 좋아하는 '시간'　　　　　　　　　　　89
남편과 육퇴 수다 ('한 사람'을 위한 기도')　　97
꿈속 할머니의 예견　　　　　　　　　　103
아이에게 보여주고 싶은 것　　　　　　　109
다온아, 지금 엄마 참 좋아.　　　　　　　115
헛소리　　　　　　　　　　　　　　　　121
어떤 아픔이 와도 널 지킬게　　　　　　　125
우리의 미(美)　　　　　　　　　　　　　131
가을비, 마음속 작은 물살　　　　　　　　137
육아가 나를 키운다.　　　　　　　　　　143

처음 글쓰기의 시작은 친정엄마의 삶을 기록하는
글이었다. 아이를 임신하니 엄마를 더욱 가까이
보고 싶었다. 헤아리고 싶었다.

때론 힘들어도 너와 함께라면 좋아

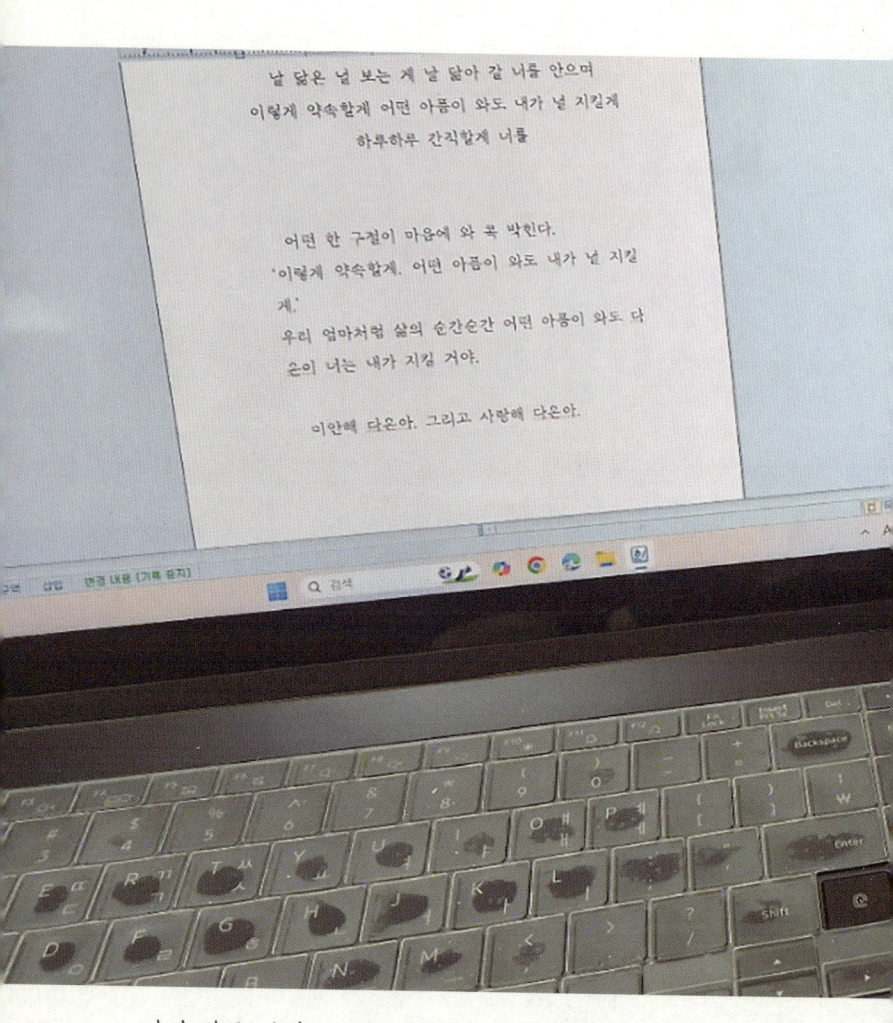

아기 잠든 저녁은 오롯이 나만의 시간이다.

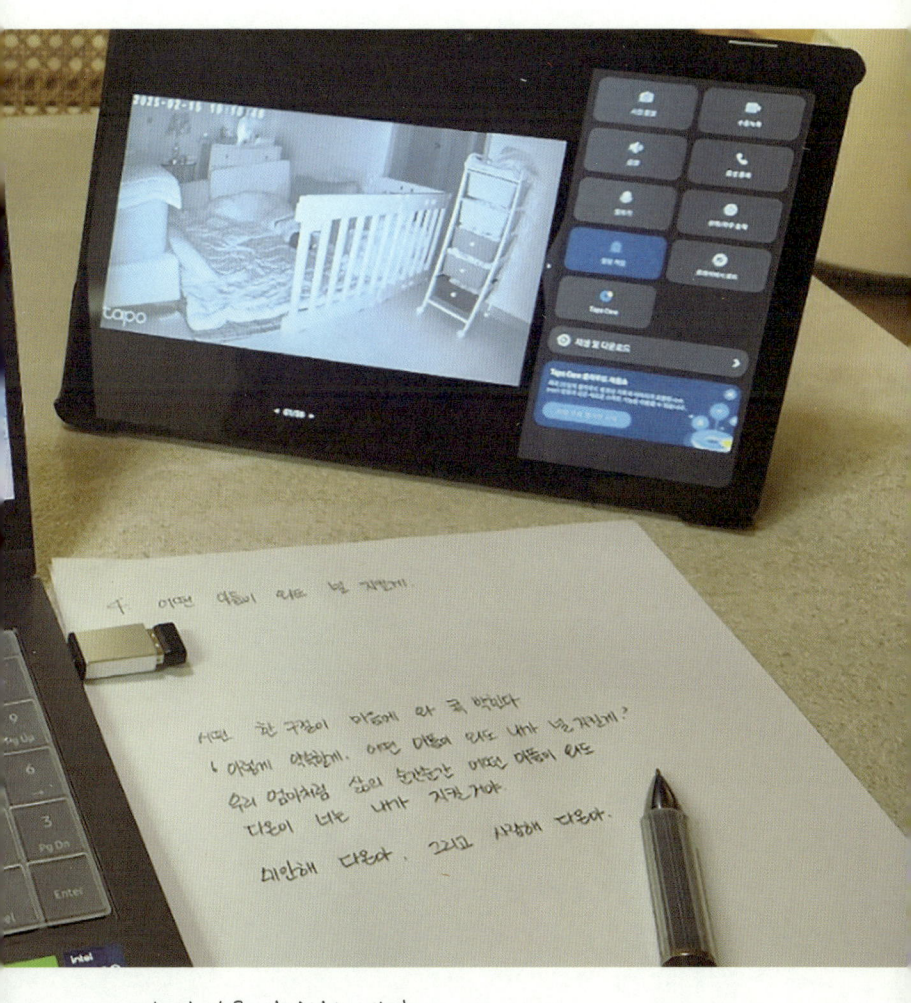

오늘의 나를 기억하는 시간.
　　　오늘의 나를 털어버리는 시간.

책방 에센츠에서 사진에세이 수업을 듣던 날
인상 깊은 순간을 사진과 글로 남기고 싶었다.
그냥 스치고 싶지 않았다.

1장. 달콤쌉쌀한 육아

아기를 안아 본 그 순간,
그 순간이야말로
내 인생에서 가장 빛나고, 눈부신 순간이다.
앞으로 어떤 일들이 일어날까.
나는 어떤 엄마가 되어줘야 할까.
너와 함께하는 모든 시간은
그 순간순간이 아름답고,
우리가 함께 커 가는 빛나는 순간들일 거야.

엄마로 눈부신 순간

"여보 이상해, 나 양수가 새는 것 같아. 일어나봐. 어떡해."
"정말? 어디 어디! 병원 가자!!!"

 어두운 새벽 뜨뜻미지근한 물이 몸 밖으로 새고 있음을 느껴 번뜩 잠에서 깼다. 설상가상 몸을 움직일 때마다 조금이 아니라 한 컵 두 컵씩 왈칵왈칵 쏟아져 내리는 것 같은 양수. 산과 응급실에 전화를 거니 별일 아니라는 듯한 간호사의 성의 없는 음성이 다소 불쾌했지만, 별일이라는 예감은 벌벌 떨리는 온몸으로 전해져 왔다. 예정일을 한 주 앞둔 상황이라 바로 출산해도 별 무리가 없을 테지만, 갑자기 터진 양수가 아기를 보호해 주지 못할까 봐 가슴이 조마조마했다.

 남편과 병원으로 달리는 차 안에서도 바지가 다 젖

을 정도로 양수가 계속 샜고, 양수가 왈칵왈칵 나올 때마다 일어나려는 눈물을 애써 참으며 침착해지려고 노력했다. 그리고 마음속으로 아기를 지켜봐 달라고 기도하고 또 기도했다.

 얼마나 기다리고 기다렸던 아기인가.
뱃속에서 열 달을 품으며 참 많은 일이 일어났지만, 아기만 괜찮으면 나는 뭐든 다 참아낼 수 있다고 생각하며 굳게 이겨냈다. 토덧, 양치덧, 먹덧, 들어봤던 입덧은 한 번에 몰아치듯 다 했고 임신 초기에는 출혈하는 바람에 유산 위험이 있어 며칠 입원을 하기도 했다.
입덧이 좀 가시는 중기에는 임신성 소양증이 생겨 온몸에 아토피처럼 두드러기가 올라와 극심한 가려움과 쓰라림을 참아야 했다. 그리고 임신 후기로 갈수록 먹는 것을 조절하며 임신성 당뇨에 걸리지 않도록 조심 또 조심해야 했다. 잘 참아왔다고 생각하며 이제 곧 아기 볼 날만 기다렸는데… 갑자기 터진 양수에 아기가 잘못이라도 될까 봐 덜컥 겁이 났다. 하지만 그렇게 보고 싶었던 아기를 만날 수 있다는 생각에 묘하게 두근거리기도 했다.

병원 침대에 누워 의사의 진단을 기다리고 있는 동안 진통이 서서히 시작되었다. 그래서 동이 트는 새벽, 출산 준비도 다 하지 못한 채 바로 수술실로 들어가야 했다.

"자기야, 나 다녀올게." 하고 손을 흔들며 휠체어에 타서 수술실로 들어가는데 조금은 긴장이 되었으나, 생각보다는 무던했다. 나의 무던함에 경고 메시지를 날리기라도 하듯 막상 수술실로 들어가니 공기가 냉장고처럼 싸늘했으며, 마취를 해 주시는 나이 지긋한 여의사 선생님은 마치 기숙사의 무서운 사감처럼 나를 기다리고 계셨다. 바짝 굳은 새우등처럼 구부려 마취하고 십자가의 예수님처럼 두 팔은 묶여 수술하는데 의사 선생님께서 내 하체를 온몸이 다 흔들릴 정도로 흔들어댔다. 아기가 역아인데다가 내 가슴 밑까지 파고 올라가 껴서 꺼내기가 쉽지 않았던 것이다.

 하지만 수술은 다행히 잘 진행되었고 아기의 울음소리를 비로소 들었을 때 '아, 다행이다.' 한시름 놓았다. 아기의 울음소리가 어찌나 반가운지 '딸이 맞네, 목소리도 어쩜 저리 이쁠까.' 속으로 기분 좋은 감탄을 했다. 핏덩어리인 아기를 안아보고 싶었지만, 현실은 아기의 얼굴을 쓱 보여주시더니 만져보지도 못하게 하고 재빠르게 휙 데려가 버렸다. 아기를 한 번이라도 안아 볼 수 없냐는 물음에 나중에 보라는 간호사의 대답이 순식간에 돌아와 입술이 쫑긋 나올 정도로 민망했고 아쉽기도 했다. 출산하고 나서는 오만가지 감정들이 왔다갔다 한다. 아기를 제대로 보지 못한 서운함도 잠시 '남편은 지금쯤 아기를 보고 어떤 기분일까. 첫 만남은 잘했을까.' 등 설레는 상상을 하며 수술실을 빠져나와 입원실로 향했다.

응급 수술이었기 때문에 추가로 넣을 수 있는 마취 주사를 맞지 못해 통증이 더 심했지만, 신생아실에 내 아기가 있다는 사실만으로도 든든했고 배가 부른 듯한 안정감이 느껴졌다. 진짜 엄마가 되었다는 사실에 묘한 책임감을 느끼기도 했지만 이제 막 사랑을 시작하는 사람처럼 설렘이 더 컸다. 그리고 어깨를 쫙 펴 모델처럼 병원 복도를 워킹할 수 있을 것 같은 자신감과 당당함이 생기는 것 같았다. 나도 아기가 있다는 자신감보다는 엄마로서 뭐든지 다 해낼 수 있다는 자신감이었다.

이렇게 아기가 있다는 사실만으로 마음이 전보다 더 충만해진 게 신기하다. 바늘판으로 사정없이 내려치는 것 같은 허리 신경통이 와서 눕기조차 어렵고 숨을 쉬기도 힘들었지만, 아기만 생각하면 마음이 든든해졌다. 내가 아기를 지켜주기로 했는데 어쩌면 아기가 나를 지켜주고 있는지 모른다. 힘든 상황에서도 흔들리지 않고, 참고 이겨낼 수 있게 아기가 내 마음을 잡아주고 있으니 말이다.

 드디어 아기를 내 품에 안아보는 날. 아기를 볼 생각에 아픈 배를 움켜쥐며 어렵게 서고, 한 발 한 발을 뗐다. 수유 교육실에서 간호사가 내 이름을 부르며 아기를 데려다주는 그 순간은 내 생에 잊지 못할 장면이다. '김은지 산모 아가' 간호사의 부름에 나는 손짓을 하고, 아기가 나에게 오는 그 짧은 순간에의 감격은 세상이 잠시 하얗게 멈춰서고 아기와 나만이 만나고 있는 것 같았다.

 작고 천사 같은 아기. 내 뱃속에 있던 아기가 맞지? 너와 전생에 무슨 연이었기에 지금 우리가 이렇게 만났을까. 앞으로 너와는 평생 떼려야 뗄 수 없는 관계겠지?

 아기의 머리를 쓰다듬고 손가락 열 개, 발가락 열 개를 세어보며 태명이었던 '찰떡이'와 아기 이름인 '다온이'를 번갈아 불러 본다. 그리고 "다온아, 반가워. 엄마야" 하며 다소 수줍게 내 소개를 해 본다. '엄마'라는 두 글자가 아직은 낯설고 어색하지만 어색함 위에 기쁨과 행복이 물방울처럼 날아다닌다. 아기를 안아 본 그 순간, 그 순간이야말로 내 인생에서 가장 빛나고, 눈부신 순간이다.

 앞으로 어떤 일들이 일어날까. 나는 어떤 엄마가 되어 줘야 할까. 너와 함께하는 모든 시간은 그 순간순간이 아름답고, 우리가 함께 커 가는 빛나는 순간들일 거야. 내 딸로 와 줘서 고마워. 엄마도 처음이라 부족한 점들이 하나둘 생기겠지만, 내 딸 많이 아끼고 사랑해 줄게. 잘 부탁해. 우리 앞으로 잘 해 보자.

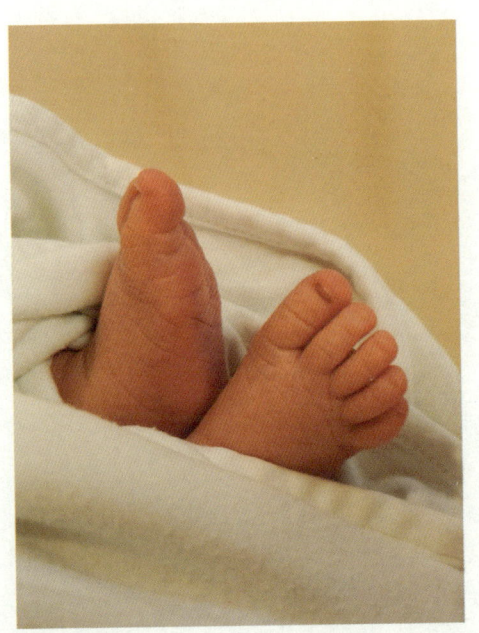

훗일에 가서 지금을 그리면,
그립고 또 그리울 것이다.
그러니 지나고나서 후회하지 말고,
이 지금을 온전히 만끽하자.
지금이 가장 아름다운 날이다.

'지금' 아니면, 다신 볼 수 없는

 수유 쿠션에 대자로 누운 아이가 우유를 쭉쭉 빨고 있다. 먹을 때만큼은 혼신을 다해 젖병을 빠는 내 딸 다온이. 어찌나 잘 먹는지 오동통 살이 올랐다. 아기를 보는 사람들은 잘 키웠다며 지금의 볼살을 잘 유지하라고, 지금 아니면 볼 수 없는 모습일 거라고 한다. 백일이 된 아기의 '시그니처'라고 해야 하나. 그래서 통통한 딸의 환한 미소를 볼 때마다 귀여워 숨이 멎을 것 같다.

 백일이 되어 가는 아기에게는 수유를 하루에 여섯 일곱 번을 한다. 서너 시간에 한 번씩 수유하는데 수유하고 나서는 아기와 놀아주고, 안아서 거실을 돌며 낮잠을 재우고 집안일을 하다 보면 서너 시간이 훅 지나가 있다. 그러기에 아기에게 우유를 주는 시간은 소파에 앉아 잠시 한숨을 고르는 시간이기도 하다. 이 시간 동안은 아기와 눈을 마주치고 머리를 쓰다듬으며 교감을 하기도 하지만 이마저도 힘이 들 때면 멍하니 티브이를 보거나 유튜브를 찾아보기도 한다. 또는 잠시나마 명상하거나 음악을 들으며 지친 몸과 마음을 쉬어가기도 한다. 때로는 우유를 먹으며 자는 아기를 바라보고 있다가 스르르 눈이 감겨, 머리를 떨구고 안경은 코에 걸친 채 꾸벅꾸벅 잠이 들곤 한다.

 그런데 어느 날 문득 이렇게 보내는 시간이 아깝다는 생각이 들었다. 더 생산적인 일을 하고 싶어진다. 하지 말라고 하면 더 하고 싶어지는 게 사람 심리일까. 일을 쉬다 보니 다시 강의가 하고 싶다. 그래서 육아로 힘이 들어 멍을 때리고 있을 때면 강의실에서 열강을 하고 있는 내 모습이 눈앞에 그려진다. 잠시 그 모습에 빠져들어 본다. 우글거리는 아이들 속에서 하하하 웃으며 아이들과 교감하고 있는 모습. 분필을 잡고 눈을 동그랗게 떠서 열강하고 있는 모습. 다시금 정신을 차려 지금은 육아에 더 집중해야 할 때라고 되새김질하며 마음을 다잡는다. 몸이 좀 풀리면 바로 일을 시작하여 경력과 경험을 이어가고 싶지만, 세 살까지는 아이를 온전히 내가 돌보고 싶은 마음에 일에 대한 욕심은 잠시 접어두기로 했다. 대신에 배우는 일과 마음의 양식을 쌓는 일은 꾸준히 하고 싶어, 관심 있는 분야의 책을 꾸준히 읽고 있다.

내 품에 누워 있는 아기 옆으로 어렵게 책을 펼쳤다. 그러고는 아기에게 젖병을 물리고 왼쪽으로 어렵게 고개를 돌려 책을 읽었다. 그러다 목이 아파 아기를 쳐다보니 내 딸 다온이가 게슴츠레한 눈을 떴다 감았다, 작고 통통한 손가락을 오므렸다 폈다를 반복하며 우유 빨기에 집중하고 있다.

아기를 보고 이내 책을 덮어 버렸다.
'그래, 책은 언제든 다시 읽을 수 있지만 다온이가 내 품 안에서 열심히 우유를 먹는 모습은 지금 아니면 볼 수 없지.'
잔디 인형을 연상케 하는 위로 쭉쭉 뻗은 머리카락, 임신했을 때부터 의사 선생님께서 칭찬 받았던 짱구 이마, 쌍꺼풀 없는 작은 눈, 친정어머니가 이야기하는 복코, 내 입술을 그대로 붙여 놓은 것 같은 작고 얇은 입술, 오동통한 볼살, 불독을 연상케 하는 턱살, 비엔나 소시지가 연상되는 통통한 팔, 내 손에 쏙 들어오는 작디작은 손. 지금 아기의 모습을 잊지 않으려고 하나

하나 소중히 바라본다.

 딸아이의 모습을 눈에 담고 마음에 담으며 모성애를 쌓아가는 일. 그리고 아기의 천사 같은 미소를 보고, 보드랍고 오동통한 볼냄새를 맡으며 마음껏 힐링하고 사랑하는 일. 그리고 언어는 통하지 않지만, 마음이 통하는 아기와의 옹알이 대화는 내 인생에서 두 번 다시 없을 웃음 나는 일이고, 행복을 생산해 내는 일이라는 것을 불현듯 깨달았다.
그리고 나에게 딸의 이야기를 해 주셨던 어느 한 선생님의 말씀이 떠올랐다. 이제 성인이 되어 독립시킨 딸을 다시 아기 때로 돌릴 수 있다면 돈을 주고서라도 돌리고 싶다고, 자신의 품에 폭 들어오던 딸을 다시 꼭 안아주고 싶다고 하시며 눈물을 글썽이셨다.

 아이와 맞붙어 몸과 마음으로 교감하는 지금 이 시간이, 지나고 보면 얼마나 따뜻하고 눈부신 순간일까. 먼 후일에 지금을 돌아봤을 때 햇살이 비치는 호수같은 미소를 잔잔히 지을 수 있으면 좋겠다. 그리움의 눈물이 날 수도 있겠지만 아이에게 괜히 미안한 마음이 들지 않게, 스스로 부끄럽지 않은 엄마가 되었으면 좋겠다.

 '그때 아기와 참 행복한 시간을 보냈지. 우리 다온이 참 예뻤지. 환한 얼굴, 통통한 손과 발, 내 품 안에 쏘옥 들어오던 작은 아기.
세상 순수한 미소를 짓고 있는 아기 앞에서 춤을 추고 노래를 부르던 그 시절, 하나밖에 없는 내 딸에게 딸랑이를 흔들며 함께 웃었던 그때가 참 좋았지....'

 지나고 나면 그립고 또 그리울 것이다. 그러니 지나고 나서 후회하지 말고, '지금'을 온전히 만끽하자. 지금이 가장 아름다운 날이다.

그때가 아직도 기억에 남는 건
어린 나이에 느꼈을 엄마 품의 그리움이
작은 가슴에 우주처럼 크게
자리했기 때문이 아닐까..

엄마 냄새

 내 딸 다온이를 안았을 때 다온이가 내 가슴에 코를 박고 있는 게 좋다. 나의 냄새를 킁킁 맡는 아기를 쓰다듬으며 늘 생각한다.
 '엄마 냄새를 맡으며 안정감을 느끼겠지? 엄마와 함께 있다는 사실만으로도 평온하겠지?'
 딸이 내 품 안에서 엄마라는 존재를 서서히 알아가고, 엄마 품속의 푸근함을 느끼며 심리적으로 안정감을 갖길 바란다.

 딸을 안고 있으면 두세 살배기였던 내 모습이 어렴풋이 떠오른다. 그때가 아직도 기억에 남는 건 어린 나이에 느꼈을 엄마 품의 그리움이, 작은 가슴에 우주처럼 크게 자리했기 때문이 아닐까. 혼자 우유병을 잡고 빨며 아장아장 걸을 수 있는 나이. 엄마 품에서 살냄새를 맡으며 포근히 자고 싶었지만, 엄마가 일하러 나가신 동안에 느꼈던 서늘한 공허함은 지금까지도 진하게 남아 있다.

엄마가 일찍 돌아오지 않는다는 걸 어린 나이에도 직감했는지 엄마를 대신해 줄 존재로 할머니도 이모도 아닌 '엄마의 잠옷'을 찾아다녔다. 옷장 문을 열어 녹색깔의 엄마 잠옷을 찾아 뒤졌다. 엄마가 매일 입는 잠옷. 그 잠옷에는 엄마가 갓 목욕하고 나왔을 때 발랐던 샤워 코오롱 향기가 엄마의 살냄새와 섞여 부드럽고 은은하게 퍼져 있었다. 한쪽 손에는 우유병을 들고 한쪽 손에는 엄마 잠옷을 목에다 둘러멨다. 그러고는 잠옷을 코에 박아 킁킁거리며 마치 엄마 품에 있는 것과 같은 느낌을 받으며 대리만족했다. 엄마 잠옷이 없으면 아쉬움에 아빠 잠옷을 찾아 나섰다. 아빠 잠옷에는 좋은 향이 나지 않았다. 아빠의 살냄새와 무명천 냄새, 그리고 공중에 날린 담배 냄새가 뒤엉켜 냄새가 썩 좋지는 않았지만 아빠 잠옷이라도 안고 있어야 보호를 받고 있는 듯한 느낌에 안정감을 찾을 수 있었다.

지금도 한때 나를 봐주셨던 이모들이 내 어렸을 때를 추억하며 이야기 할 때면 잠옷 이야기를 빠뜨리지 않고 하신다.

"은지는 꼭 엄마 잠옷을 끌어안고 잤었다."

이모들은 조카의 어린 시절을 추억하고 웃으며 이야기하시지만, 나에게는 찡한 기억이다. '이가 없으면 잇몸으로 씹으라.'는 말처럼 엄마가 없으니 엄마 잠옷으로 대체해 스스로 마음의 안정감을 가지려는 두 살배기 여자아이. 엄마를 찾으며 울어봐야 소용없다는 것을 일찌감치 알고 엄마 잠옷으로 안정감을 느끼려 했던 그때의 내가, 한때는 대견하고 똑똑하다고 생각했었다. 하지만 세월이 흘러 그때의 나를 떠올리면 영특한 여자아이의 모습보다는 엄마라는 큰 존재를 어린 가슴에 품고 그리워하는, 작고 여린 아이의 모습으로 가슴 먹먹히 남아 있다.

임신하고 아기를 잘 키우고 싶은 마음에 육아서적을 찾다가 <엄마 냄새>라는 책을 보게 되었다. 어렸을 때 잠깐이라도 엄마와 떨어져 있으면 엄마 냄새를 찾아다녔던 나로서는 저절로 손이 가는 책이었다. 이 책에서도 저자는 엄마 배 속 일정한 온도의 양수 속에서 보호받던 아이는 태어난 후에도 엄마 냄새와 일정한 온도를 통해 보호받는다는 느낌을 계속 가져야 한다고 이야기한다. 왜냐하면 후각과 촉각은 다른 어떤 감각보다 빨리 뇌에 전달되기 때문이다. 시각 세포는 각막의 보호를 받고 청각 세포는 고막의 보호를 받지만, 후각은 받아들이는 그 즉시 전달된다고 한다.
일정 기간 엄마의 냄새를 맡으며 안락한 환경에서 보호받는 것은 인간이 되기 위한 필수 과정이다. 그러니 아기가 진정 행복하고 성공하기를 바란다면 부모의 살냄새를 충분히 맡게 해주어야 한다고 저자는 역설한다.

 이 책을 통해 내가 어렸을 때 엄마 잠옷을 그렇게 품에 안아 엄마 냄새를 맡으며 잤던 이유를 이해할 수 있었다. 안전감의 토대가 되는 것이 '냄새와 온도'라는 점에서 엄마의 사진을 보는 것보다 엄마의 잠옷 냄새를 맡는 것에 더욱 안정감을 느낄 수 있었다. 그래서 내 딸 다온이만큼은 엄마 품이 그립지 않게, 내 품 안에서 스르르 마음을 녹이며 편안하게 쉴 수 있게 꼬옥 안아주고 있다. 그리고 귓가에 대고 속삭여 준다.

 "다온아, 엄마가 있어. 엄마가 다온이 많이 사랑해. 알지?"

딸을 안고 있지만 어쩌면 어렸을 적의 나를 안고 있는지도 모른다. 그때의 내가 느꼈던 공허함과 엄마 품의 그리움을, 딸아이를 안으며 치유를 받는 듯하다. 그래서 더욱 포근하게 딸을 안아본다.
어린 시절의 나와 지금의 내 딸이 외롭지 않게, 더 이상 엄마의 품이 그립지 않게.

마치 자린고비 이야기처럼
굴비 한 번 보고 밥 한수저 떠 먹으며
대리만족을 하듯,
아기를 보며 커피와 독서를 찔끔찔끔
순간순간에 여유 있는 여유를 즐긴다

여유 없는 여유

"다온아, 안 되겠다. 엄마랑 산책 나갈까? 좋지? 너도 좋지? 나가자!"

이제 150일이 되어가는 딸내미와 집에서 놀다 보면 놀아주는 것에 한계가 온다. 일명 까꿍 놀이, 함께 거울 놀이, 이불 놀이, 비행기 놀이, 발 피아노 놀이, 인형 놀이, 모빌 보기, 동화책 보기, 아이 앞에서 춤추며 노래 부르기, 실로폰 치기, 옹알이 대화하기 등 할 것 다 하고 나면 할 게 없어진다.

'휴, 이제 뭐 하고 노나….' 힘이 반쯤 풀려 누운 채로 아기를 보며 한숨을 쉬어 본다. 아기는 내 옆에서 뒤집기만 연신 해 대며 낑낑, 침만 줄기차게 흘린다. 자동 반사적으로 아기는 뒤집고 또 뒤집고, 뒤집으며 땀이 아니라 침을 흘리는 아기의 입을 나는 닦고 또 닦고. 침이 늘어나듯 빨아야 할 손수건이 한 장 두 장 쌓여 간다.

'에구 지친다. 이렇게 집에만 있으면 아기도 답답할 거야. 나가서 나무도 보여주고 풀꽃도 보여줘야지.'
해야 할 빨래를 잠깐 미룬 채 늦은 오후, 더위가 가실 무렵 아기와 산책을 나갔다. 몇날며칠을 집안에서만 있다 보니 아기와 나, 모두에게 바깥공기가 필요했는지 모른다. 다 놓아 버리고 머리와 몸을 식힐 시간이 필요하다. 우유병을 갖고 갈까 고민하다가 아기가 우유 먹기 전에는 돌아와야겠다는 마음을 가지면서도 혹시 몰라 버릇처럼 책 한 권을 챙겼다.

산책하다 보니 남아 있는 여름 더위로 목이 말라 커피 한 잔이 시원하게 끌어당긴다. 그래서 어느새 발걸음은 커피숍으로 향하고 있다.

한 걸음엔 설렘!
두 걸음엔 해방감!!
세 걸음엔 목마름!!!

커피숍 입구에서 문을 열랴 유모차를 들이랴 낑낑거

리고 있는데, 예쁘게 차려입은 시크한 단발머리 아가씨가 차를 마시고 나오며 문을 열어준다.
'덜커덩, 덜커덩'
디럭스 큰 유모차가 문 사이로 부대낀다. 내 마음도 함께 부대낀다. 살짝 인상을 찌푸리며 문 잡아주기를 은근히 힘들어하는 그분께 죄송스럽고 고마운 마음이 교차했다. 나도 아가씨였던 게 엊그제 같은데 어느새 유모차를 끌고 나온 아줌마가 되어 주변에 피해라도 줄까 실금 눈치를 보고 있다. 그래도 도움을 주는 사람들에게는 숙연해지는 마음과 함께 감동이 두 배로 커진다.

얼른 자리를 잡고, 피로를 달래 줄 달달한 아이스라테를 주문했다. 자리에 앉아 숨을 고르는데, 유모차에 앉은 아기가 꿈틀댄다. 아기도 유모차에서 나와 바깥세상이 보고 싶은 모양이다. 답답했을 껍데기에서 아기를 빼내어 품에 안고 커피숍 안을 사뿐사뿐 걸어 다닌다. 내가 간 커피숍은 반려견과 동반 입장이 가능한 곳이고, 강아지 옷도 함께 판다.
"다온아, 이건 강아지 옷이야. 다온이 옷 아니고."
아기에게 강아지 옷들을 보여주는데 마치 아기 옷처

럼 진열이 되어 있다. 마침 흑백 모빌마냥 흑과 백의 체크 무늬 옷이라 백일을 넘은 아기가 집중해서 더욱 잘 본다. 아기는 흑백 모빌 같은 강아지 옷에 시선을 뺏기고, 나는 창가 너머에 산들거리는 나무와 초록 잔디밭에 시선을 뺏긴다. 같은 장소, 서로 다른 시선이다.

커피가 나온 후 아기와 나는 각자의 자리에 앉았다. 아기는 유모차에 나는 커피숍 의자에. 외출할 때 챙겨온 <엄마의 글쓰기>라는 책을 꺼냈다. 한숨을 고르고 여유를 느끼며 책을 읽으려 하는데 아기는 멀뚱멀뚱 커피숍 안을 봤다가 나를 바라보기를 반복한다. 그리고 심심했는지 유모차에 달린 모빌에 한껏 발차기를 해댄다. 잠시 책을 읽다가 아기를 바라보니 아기가 무료할까 봐 내심 신경이 쓰인다.

그래서
글 몇 문장 읽고, 아기랑 옹알이 대화하고
커피 한 모금 먹고, 아기 보며 웃어주고
또 글 몇 문장 읽고, 아기 안아주고
또 커피 한 모금 먹고, 아기 침 닦아주고

마치 자린고비 이야기처럼 굴비 한 번 보고 밥 한 수저 떠먹으며 대리만족하듯, 아기를 보며 커피와 독서를 찔끔찔끔, 순간순간에 여유 없는 여유를 즐긴다.
커피를 몇 모금 더 마셨을까, 아기랑 놀아주다 보니 삼사십 분이 훌쩍 지났다. (체감상 시간이지 더 지났을 수도 있다.) 아기가 배가 고팠는지 칭얼대기 시작한다. 산책을 조금만 하다가 집에 들어갈 생각으로 우유병을 놓고 왔는데 아기가 우니 집에 들어갈 수밖에 없다. 커피를 마시고 독서를 하며 여유를 느끼고 싶었는데 욕심이었을까. 어쩔 수 없이 책과 함께 마음을 접고 일어났다. 그리고 조금씩 아껴 마신 커피를 꼴각꼴각 급하게 마시고 집으로 나선다.

커피숍을 나오니 해 질 무렵이다. 바람의 온도는 내려가고, 내려가는 태양은 붉어진다.
  '이제 가서 다온이 목욕도 시키고 우유도 줘야지, 밀린 빨래도 해야지.' 해야 할 것들을 생각하며 유모차에 탄 딸에게 말을 건넨다.
  "다온아 집에 가서 밥 먹자." 햇빛 가림막에 가려진 아기의 얼굴을 옆으로 빼꼼히 보니 어느새 새근새근 잠이 들었다. 잠투정이었나?

아직도 어설픈 엄마와 순항 양 아가를 귀엽다는 듯이, 찾아온 가을의 서늘한 바람이 우리의 머리를 어루만져 준다.

지나쳐 버릴 수 있는
똑같은 육아 일상에서
잊지 않기 위한
순간순간, 하루하루를
만들어 가는 것이다.
나만의, 우리만의 의미를
부여하는 일이다.

순간순간 나만의, 우리만의 빛깔

"우리 애기 늦게 자려고?"
"응, 자야 하는데…."
남편이 씻고 나와서 머리를 탈탈 털며 묻는다.
11시가 넘은 밤. 나는 글을 쓰려고 테이블에 앉았다.
여기서 '우리 애기'는 진짜 우리 애기인 다온이가
아니라 남편이 부르는 '나의 애칭'이다. 이제는 우리
애기가 태어나서 가끔 나도 헷갈린다. 남편이 "우리
애기가 제일 귀여워!"라고 말하면 주책없이 '나'이길
순간 기대해 보기도 한다.
이렇게 주책없는 다 큰 엄마이지만 남편이 나에게
우리 애기라고 불러주는 것이 좋다. 이 애칭은 사
랑이 물씬 피어오르던 연애 때부터 불리던 거니까.
할머니가 되어서도 우리 애기라 부르면 온몸이 오그
라들며 웃음이 나겠지? 그래도 이 오글거리는 마음

을 오래도록 품으며 몽글몽글하게 살고 싶다.

 보통은 밤 11시면 아기를 보다 지쳐서 쓰러져 잘 때가 많지만, 오늘은 눈이 감기지 않는다. 사촌 동생을 정말 오랜만에 만나 반가웠는지 기분이 들떴다. 정확히는 9개월 만에 만남이다. 나는 임신과 출산, 백일까지의 조심스러운 육아를 거치고 아직 미스인 동생은 일이 바빠 서로가 만나기가 어려웠다. 우리는 그동안 못 나눴던 근황을 조곤조곤 나누며 서로 다른 일상의 선을 이어갔다. 함께 식사하는 도중 동생이 물었다.

 "언니, 언니는 요즘 어때?"
 장어쌈을 크게 입에 넣는 순간에 들은 질문이라 바로 대답할 수가 없어 오물거리며 엄지척만 날렸다.
 "좋아 좋아, 힘들어도 좋아. 낮에 아기랑 둘만 있으면 말이 안 통하니 심심할 때도 있고, 힘들 때도 있는데 더 풍요로워진 것 같아. 부자가 된 것 같아. 아기는 마이너스보다 플러스인 거 같아. 행복해. 남편과 둘이 있을 때보다 더 좋아. 웃음이 더 많아졌어. 아기를 그리 좋아하지 않던 남편이 더 좋아해. (남편이 완전 바보가 됐어.) 남편이 퇴근 후, 그리고 주말에는 온전히 아기를 봐주며 내가 취미생활 할 수 있게 도와주고 있어. 그래서 글도 쓰고 있는 거고...."
동생의 한 줄짜리 질문에 답이 길어졌다.
'힘든데 좋다.'
말로 다 표현하기 어려운 역설. 아기가 있는 지금의 삶이 좋으니 주저리주저리 말이 많아졌다. 여자로 태어나 해 볼 만한 일이라는 생각도 든다.

남편에게도 고맙다. 말이 많아지게 마음의 여유를 심어줘서. 글을 쓸 수 있게 시간을 내어 줘서. 남편과 같이 주말에 아기를 보며 건강하게 육아하는 방법을 생활 속에서 자연스럽게 찾게 됐다. 서로가 서로에게 온전히 쉴 수 있는 시간을 내어 주는 것이다. 그래서 주말에는 남편의 배려로 나만의 시간을 가지며 독서와 글을 쓰게 되었고, 교대로 남편도 좋아하는 산책을 하며 그만의 시간을 갖고 있다. 그리고 서로의 에너지가 충만할 때는 세 식구가 함께하는 시간을 갖는다.

며칠 전 친정어머니 환갑파티에서는 남편이 어머

니께 은지가 요즘 글 소재 찾는 것에 재미 들였다며 내 근황을 대신 이야기 하는데, 본인이 더 설레며 즐거워하는 것 같았다. 그런 남편의 모습을 옆에서 보고 있노라니 미소가 무지개처럼 피어 올랐다.

 육아로 힘들 것을 이해하고 상대의 숨구멍을 만들어 주는 일. 상대가 좋아하는 일을 함께 좋아해 주고, 지켜봐 주는 일. 그 일에 집중할 수 있도록 함께 하는 시간의 일부를 내어 주는 일. 함께 해야 할 육아를 혼자 하면서도 마땅히 행복해하는 일. 이 많은 일들을 진정으로 해내고 있는 남편. 힘든 내색을 안 하고 주말만큼은 내게 '산뜻하게' 숨 쉴 수 있는 시간을 내어 주는 남편이 있어, 잃어갈 뻔한 나의 빛깔을 다시 칠하고 있다. 더욱 다채로이 만들어 갈 수 있을 것 같아 기대도 된다.

 남편 말대로 요즘 글 소재를 찾고 있다.
글 소재를 찾는 일이란 그냥 재미난 쓸거리를 찾는 게 아니다. 지나쳐 버릴 수 있는 똑같은 육아 일상에서 잊지 않기 위한 순간순간, 하루하루를 만들어 가는 것이다. 나만의, 우리만의 의미를 부여하는 일이다. 그리고 스스로 보람과 성취감을 느끼는 일이다. 안 그러면 육아로 지친 하루, '나는 없는' 외롭고 우울한 삶이 되어 버릴 수도 있다.

아기 앞에서 노래 부르고 춤출 때 '나 지금 뭐 하는 거지?' 하는 생각에 혼자 실소를 터트리며, 아기와 함께 웃는 순간. 내 가슴에 손을 몇 번씩 갖다 대며 '엄마! 엄마!' 하며 알려줘도 열심히 '손가락 빠는 데'만 집중하는 4개월 아기를 사랑스럽게 바라보는 순간. 응가가 옷에 묻어도 좋다고 깔깔거리는 아기와 함께 웃는 순간, 기저귀를 갈 때 가만히 있지 않고 팔다리를 휘젓고 뒤집기를 하려는 아기를 잡고 땀을 흘리는 순간, 망나니 머리를 하고 힘들어 혼자 멍때리는 시간, 낮잠을 자는 아기 옆에서 같이 곯아떨어진 시간, 잠든 아기를 보러 퇴근한 남편과 함께 살금살금 방으로 들어갈 때 느끼는 설렘, 육아로 생기는 부부 갈등, 육퇴 후 남편과 함께하는 시원한 맥주 타임, 힘이 들어 맨바닥에 널브러져 있는 시간….

어쩌면 사라져 버릴 수 있는 사소한 일들이지만, 이 순간들이 글이 되면서 내 마음에는 빛나는 한 장

면으로 남고 있다. 우리만의 빛깔을 칠하며 잊지 못할 '마음 사진'을 찍어내는 것이다. 말도 안 통하는 아기와 보내는 외롭고 지친 하루가 아니라, 이 안에서 웃음과 행복을 찾고 다시는 없을 하루를 만들어 가는 길이다. 이 길을 걸으며 나도 아이와 함께 한 뼘 더 성장해 가고, 우리 가족이 더욱 건강해질 거라 믿는다.

참 고맙다. 내 남편.
나에게 이러한 다채로운 일들을 만들어 줘서. 순간순간 나만의, 우리만의 빛깔을 칠할 수 있게 해줘서. 모두가 내 인생에 다시 없을 소중한 찰나다.

나는 엄마를 찾을 아기 생각에
할머니는 고생할 아들 생각에
잠이 안 오는 밤이다.

내 마음보다 네 마음이 더 크게 보여.
아파도 사랑하나 봐.

내 마음보다 네 마음이 더 크게 보여

1.
5개월 된 아가가 안아달라고 칭얼댄다.
한참 엄마 품이 좋기도 할 때지.
아기의 마음을 어루만지며
바닥에서 아기를 안아 올리다가
허리가 빠지직-
윽-
이후부터 허리 통증이 시작됐다.
근육통인가 싶어 약을 먹었으나
평상시 두루두루 효과 봤던 약도
전혀 힘을 쓰지 못했다.

이러다 괜찮아지겠지...
윽, 너무 아프다.

아기가 울 때마다 바닥을 짚으며
통증과 함께 아기를 꾸역꾸역 안아 올렸다.
그리고 며칠을 버텼다.
남편이, 시부모님이, 친정 부모님이, 주변 이웃이
괜찮냐고 물어보면
아파도 참을 만하다고 괜찮아져 간다고
애써 참아왔는데
허리디스크가 터진 거였다.
의사 선생님께서 MRI를 보시더니
통증 주사를 맞아도 아팠겠다고
걱정 반 공감 반을 해 주시는데
참아왔던 내가
조금은 미련하고 안쓰러웠다.
출산하는 과정에
아기가 많이 껴서
골반을 엄청나게 흔들어댔는데
그때부터 무리가 갔는지
입원하는 동안
바늘판으로 허리를 냅다 치는 것 같은
신경통이 있었다.
그때부터 잠재되어 있었던 것일까.

아니다.
어쩌면 결혼 전 강사 시절 때부터
오래 서 있어서
허리가 약해져 있었을지도 모른다.

수술과 시술 중 선택의 기로.
육아를 해야 하니
빠른 회복이 필요해 시술을 받기로 했다.
시술 한 후에는
하루, 병원에 입원해 있어야 한다.
그래서 누워 있는데…
아기가 마음에서 돌아다닌다.
보고 싶다.
몇 시간만 안 봐도 이렇게 아련하니
너 내 새끼가 맞구나.

딸아, 너도 티는 안 내고 있지만
마음속에서 엄마를 찾고 그리워하겠지?
저번에 엄마가 잠시 병원에 다녀오니
그사이 참았던 그리움을 설움으로 터트렸잖아.
허리 아픔보다 너를 못 봐 마음이 더 아파.

이렇게 모성애 하나가 더 생겨나나 봐.
영상통화로 네 얼굴을 보니
내 마음보다
네 마음이 더 쓰여.
엄마들이 아기와 떨어지면
보고 싶어서
눈물과 마음을 쏟어내는 심정을 알겠다.
또르륵...
별일 아닐 테지만
뜨거운 경험이다.

아파서 서러운 건가.
널 못 봐서 서러운 건가.
내일은 더 많이 웃어주고 힘껏 안아줄게.

오랜만에 혼자 있는 시간.
편하면서도 불편한
이상한 상황에서의 끄적임.
스치는 바람~, 스치는 생각.
선선한 바람~, 선선한 마음.

2.
자정이 넘었는데도 잠이 안 오네...
껌껌한 병실.
옆자리에 입원한 할머니께서 화장실에 다녀오신 틈에 나도 일어나 화장실에 들르고 들어왔는데, 얼굴도 보이지 않는 캄캄한 병실에서 할머니는 내게 말을 건네신다.

"뭐 때문에 입원했어유?"
"아, 저 허리디스크로 시술 받았어요."
"얼마 주고 받았어유? 으메, 나보다는 적게 들었네.
난 강남에서 시술 받았었는디 다시 아파유.
맨날 밭 매니께. 하지 말라 하는데도 그게 되나."
"에구, 그렇죠... 할머니는 어떻게 입원하셨어요?"
"난 버스에서 넘어져서 어깨뼈가 다 으스러졌슈.
죽었으면 4일이면 끝나는 일인 걸 자식들 고생시키고 이게 뭔가 몰라유. 시골에서는 나 혼자 사는디 외로워.
우리 아들 집이 이 근처여. 다쳐서 이쪽으로 왔지유.
자식들 고생시키고 일찍 죽어야 쓰는디... 이젠 난 팔십이고 살 만큼 살았지. 이젠 노인들만 봐도 마음이 그려."

한 병실에서 할머니와 나, 둘만이 나눈 대화 중 일부다. 할머니께서 눈물을 글썽이시며, 넘어오는 울음을 이야기로 꾹꾹 누르신다.
뭐라고 대답을 드려야 하나.
할머니만큼 살아보지 못한 내가 선뜻 공감해 드리기에는 주제 넘은 것 같아서 하기가 어려웠다. 너무 안 좋은 생각을 하지 말라는 조언은 한참 젊은 내가 할머니께 드릴 수 있는 게 아니었다. 무엇보다 할머니의 마음을 깊이 있게 알지 못하기 때문이다.
내가 할머니라면 어떤 마음이 들까.
할머니처럼 내 몸보다는 자식의 상황과 마음을 먼저 헤아릴 것 같다.

나는 엄마를 찾을 아기 생각에
할머니는 고생할 아들 생각에
잠이 안 오는 밤이다.

내 마음보다 네 마음이 더 크게 보여.
아파도 사랑하나 봐.

무거운 몸과 가벼운 마음이
공존하는 이상한 밤이다.

그나저나 오는 하루도 잘 보냈다.

엄마의 하루

 새벽 6시경에 일어나 아기의 기저귀를 갈아주고 우유를 먹인다. 엄마는 비몽사몽. 아기는 초롱초롱. 아기가 빙그레 웃으며 이불을 차고 나오는데 이불을 끌어안고 자고 싶은 엄마의 마음을 알 리가 없다. 밤새 아기가 뒤척일 때마다 잠귀 밝은 엄마는 아기가 이불을 걷어차 감기라도 걸릴까 봐 몇 번이고 아기의 이불을 덮어준다. 중간중간 깨다 보니 잠을 푹 자지 못하여 새벽 기상이 힘들 수밖에 없다. 그래서 아침마다 정신을 나게 하는 보약이자 마약인 달달한 믹스커피 한 잔을 후루룩 타서 호호 불며 마신다. 그러면 아득했던 정신에 동이 트는 듯하다.

 밤새 축축해진 기저귀를 갈 때마다 온 힘을 다해 뒤

집기를 해 대는 아기를 바로 눕히는 동안 손가락과 손목관절에 힘이 많이 들어가 욱신욱신 아프다. 그렇지만 아픔과 앞으로의 건강 걱정도 잠시, 배고플 아기를 생각하며 빠르게 우유를 타서 먹인다. 우유를 먹인 후 아기가 혼자 노는 동안 잠시 한숨을 고르며 다 풀리지 않은 몸을 스트레칭한다. 몸을 깨우다 보면 정신도 함께 깨어나 오늘 해야 할 일이 차례대로 나열된다.

이유식 재료를 만들어야 하는 날이면 보슬보슬한 밥에 오트밀을 넣어 믹서기에 갈고, 각종 재료를 깨끗이 씻고 다듬는다. 아기는 혼자 장난감을 갖고 놀다가 심심한지 칭얼거리기 시작한다. 아기가 칭얼거리면 엄마의 마음은 바빠진다. 아기를 한 번 봤다가 이유식 재료를 한 번 봤다가 마음이 조급해지는 것이다. 아기에게 바로 달려갈 때도 있지만, 괜찮다 싶으면 아기에게 양해를 구한다.

"잠깐만, 다온아. 엄마가 다온이에게 줄 밥을 만들고 있어. 금방 만들고 갈게! 조금만 기다려줘." 하고 외친 후 주방에서 후다닥 이유식을 만든다.

마음이 급한 만큼 손이 빨라지고 심장 박동도 빨라진다. 그리고 설거지통에 설거지는 한가득 쌓이기 시작한다. 이유식을 만들며 어지러워진 식기와 버려야 할 쓰레기들을 빠르게 정리한다. 그리고 손을 씻고 슥 슥 닦은 후, 딸에게로 달려간다.

"으구구, 우리 예쁜 딸, 혼자 심심했어? 엄마가 보고 싶었구나? 아이구 예뻐라!"

심심했는지 뾰로통한 딸에게 웃는 얼굴로 말을 건네며 잠시 꼭 안아준다. 그리고 아기를 안정시킨 후에 함께 장난감 놀이를 해 준다. 아기가 장난감 놀이를 재밌어하면 다행이지만, 다소 지루해할 때면 엄마는 벌러덩 누워 아기의 놀이기구가 되어 준다. 서울 대전 대구 부산 찍고 제주까지 가는 비행기 타기 놀이하는 것이다. 이렇게 아기가 함박웃음을 짓도록 몸으로 놀아주면 아기를 혼자 두지 않고, 틈틈이 엄마 역할을 잘하고 있는 것 같아 뿌듯해진다.

금세 아기에게 이유식 먹일 시간이 다가오고, 자리에 앉혀 이유식을 먹인다. 이것저것 다 만져보려고 하는 모든 게 신기한 7개월 아가.
이유식 토핑을 만져보고, 수저를 달라고 조르는 아기에게 수저를 쥐여주었을 때의 불어오는 후폭풍이 무섭지만, 마음을 내려놓고 수저를 내어 준다. 이유식 식

탁은 금세 난장판이 된다. 이유식을 입에 묻히고 손에 묻히고 옷에 묻히고 다리에 묻히며 아기는 신나는지 맛있게도 먹는다.

'그래 죽 갖고 촉감 놀이도 하던데…. 너에게는 촉감 놀이가 되겠다. 자기 주도로 먹는 것도 좋은 방법이야. 그래, 마음껏 해보렴.'

반은 먹고 반은 갖고 노는 이유식 시간. 그렇게 이유식이 끝나면 엄마는 몸이 녹초가 된 것 같은 기분이 든다. 아기가 여기저기 이유식을 흩뿌리고 얼굴에 묻힐 때마다 엄마도 모르게 긴장을 했던 것이다.

이제는 씻길 시간. 무게가 점점 늘어나는 아기를 안아 씻기고 옷을 갈아입힌다. 옷을 갈아입힐 때도 아기가 어찌나 움직이는지 진정시키고 옷을 입히려면 출산으로 약해진 관절 마디마디에 다시 힘을 줘야 한다. 엄마가 아픈 만큼 아기는 커간다.
옷을 다 갈아입힌 후에는 아기 식탁을 정리하고 이유식을 만들며 쌓인 설거지를 한다. 설거지하고 나서는 손을 앞치마에 슥슥 닦은 후 밀린 빨래를 한다.

이렇게 집안일하고 아기를 돌보다 보면 아기가 낮잠

잘 시간이 찾아온다. 아기는 잘 때가 제일 예쁘다는 말이 무슨 말인지 알겠다. 참으로 반가운 시간이다. 아기가 낮잠을 자는 시간은 잠시 한숨을 고르는 시간이 되기도 하고, 다하지 못한 집안 정리를 하는 시간이 되기도 한다. 혹은 엄마의 식사나 간식 시간이 되기도 한다. 엄마는 에너지가 남아 있으면 집안 정리를 택한다. 아기가 낮잠을 자고 일어나면 거실을 돌아다니며 기어 다닐 것이기 때문이다. 베이비룸에서 놀 때도 있지만, 아기는 집안을 돌아다니며 탐색한다. 이것저것 보고 만지며 여러 자극 놀이를 하는 것이다. 그래서 엄마는 조금 더 신경을 써 집안 정리를 해야 한다.

집안 곳곳 청소를 하고 나니 힘이 든다. 그럴 때면 잠시 멍을 때리기도 하고, 핸드폰을 보며 한숨을 고르기도 한다. 혹은 아기에게 필요한 물품을 검색해 보기도 한다. 나만의 시간을 갖고 싶다면 커피를 마시며 글을 쓰기도 한다. 하지만 이마저도 힘들면 잠시 널브러져 몸과 마음에 쌓인 무거운 피로를 툭 내려놓아 본다. 아기가 깨어나면 다시 우유를 줄 시간이다. 우유를 다 먹은 아기는 다시 놀기 시작한다. 먹고 자고 놀고의 반복이다. 매일 같은 장난감을 갖고 놀다 보면 아기도 지루해할 때가 있다. 지루하고 심심해지면 칭얼대기 시작하는데 그럼 엄마의 난감함과 피로감은 두 배로 커진다.

이때 엄마는 아기와 무엇을 하며 놀아줘야 할지 고민이 되기도 하고, 제대로 소통할 대상이 없어 답답해지기도 한다. 그리고 아기와 잘 놀아주지 못하는 것 같아 괜히 미안한 마음이 든다. 그래서 엄마들이 아기들을 들쳐 안고, 베이비카페, 문화센터, 아기 키움터 등에 가는 것이다. 아기는 새로운 환경에 눈이 동그래지고, 엄마는 다른 아기들이 커가는 모습, 다른 엄마들이 아가랑 놀아주는 모습들을 보며 '아기 키우는 것은 다 비슷하구나...' 하며 마음속 공감을 하기도 한다. 그리고 엄마들과 대화하며 아기에 대한 정보를 공유하기도 한다.

이렇게 한 공간에서 공동육아를 하는 마음의 벗이 있으면 이상하게도 힘이 덜 들게 느껴진다.
한낮 동안 제대로 대화할 상대가 없어 불현듯 느끼는 공허함도 덜 수 있다. 엄마들과 함께 아기를 보고, 정보를 공유하며 일상을 나누다 보면 시간이 빠르게 지나간다. 그리고 더 열심히 아기를 키워야겠다는 욕심과 힘이 생기기도 한다.

 어느덧 해는 저물어 가고, 엄마는 아기를 안고 집으로 돌아온다. 또 한 번 난장판이 되는 이유식을 먹이고 씻긴 후에 놀아주며 하루를 마무리한다. 남편이 조금 일찍 퇴근하고 들어오는 날이면 아기 목욕을 함께 시키고 꿈나라로 보낸다. 남아 있는 집안 정리를 하고 나니 어느덧 해는 저물고 어두워졌다.

 아기가 새근새근 자는 저녁. 엄마는 일명 '육퇴'를 한다. 늘어나는 아기의 몸무게만큼이나 노곤한 하루다. 하지만 아기의 웃음을 보며 더 큰 웃음을 지어보는 행복한 하루이기도 했다. 이제는 온전히 엄마의 시간. 무엇을 할까. 순간 멍해진다. 맥주를 마시며 남편과 수다를 떨까, 글을 쓸까, 티브이를 볼까, 책을 읽을까, 그냥 뻗을까... 하고 싶은 것도 많다. 머리는 멍해지고, 몸은 천근만근이다. 무거운 몸과 가벼운 마음이 공존하는 이상한 밤이다.
 그나저나 오늘 하루도 잘 보냈다.

하루하루 정성스럽게 살아간다는 것은
어떻게 살아가는 모습을 말할까.
나는 하루하루를 정성스럽게 살아가고 있을까...

정성스러운 삶

 8개월에 접어드니 아기의 몸집이 더욱 커졌다.
더 어렸을 때 편하게 입히던 우주복 내의보다, 상·하의가 분리된 내의를 입힐 때 더 편하게 느껴져 새로 아기 내의를 주문했다. 택배가 도착해서 설레는 마음으로 상자를 뜯어보니 아주 정성스럽게 내의가 잘 포개져 있다. 내의를 보며 "이쁘다, 면도 좋네." 하며 기뻐하는데 정성껏 손글씨로 쓰인 메모를 보고 더 기분이 좋아졌다.

 메모지에는 구매해 주셔서 감사드린다는 인사와 함께 '하루하루 정성스럽게 살아가세요.'라는 글귀가 유독 마음에 박혔다. 그리고 잠시 생각에 잠겼다.
하루하루 정성스럽게 살아간다는 것은 어떻게 살아가는 모습을 말할까. 나는 하루하루를 정성스럽게 살아가고 있을까.

 옷을 판매하는 회사에서는 아기가 입을 옷이니 면 하나에도 신경을 쓰고, 디자인도 신경을 쓰고, 옷을 정성껏 개켜 포장하고, 감사한 마음을 담아 따뜻한 손글씨 편지를 보내오는 정성을 보였다. 하나하나에 정성을 다해 일했을 것을 생각하니 나의 하루를 되돌아보는 계기가 되었다.

 매일 반복되는 일상에서 아기 돌보는 일을 고되게만 느끼는 것은 아닌지, 오늘은 또 어떻게 보낼까 하며 아무 생각과 의미 없이 보내는 시간이 많은 것은 아닌지 생각해 보게 된다.
아기를 바라보는 일도 조금 더 정성스럽게, 아기에게 줄 이유식도 정성스럽게, 우리가 생활하는 공간을 정리하는 일도 정성스럽게, 아기와 놀아주는 일도 정성스럽게 한다면 오늘의 하루가 정성스러운 순간들이 모인 귀하고 밝은 날이 될 것이다.

 그렇다면 '정성스럽다'는 것은 무엇을 의미하는지도 생각해 봤다. 사전적 의미를 떠나 내가 생각하는 정성스럽다는 '마음을 담아' 행하는 것이 아닐까 한다. 다시 말해 아무 생각 없이, 혹은 부정의 마음을 담아서 하는 것이 아니라 '자신의 진심을 담아서 소중히 여기는 마음'으로 임하는 태도를 의미하지 않을까.

 힘들게만 느껴질 수 있는 육아의 순간들도 그 의미를 잊지 않고, 소중히 여기는 태도로 순간순간을 보낸다면 그 시간은 더욱 빛을 발할 것이다. 그리고 지금 이 시간들이 오래도록 진하게 기억에 남을 것이다.
오늘 받은 정성스러운 쪽지처럼 말이다.

엄마들은 안다.
집에서 엄마랑 아기가
얼마나 힘들게 있을지...
대화가 통하지 않는 아기랑
하루종일 함께 있는 것이
때론 지루하고 공허한 일인지 말이다.

서로 통하는 마음

 집에만 있으면 집안일만 하게 돼서 아기를 데리고 아이키움터에 온다는 어느 한 엄마의 말을 들었었다. 그때는 '엄마가 아주 깔끔하고 부지런해서 집안일을 많이 하나 보다.'고 생각했었다.

 그런데 아기가 조금 크고 이유식을 시작하게 되면서, 그때 그 엄마의 말처럼 집안일하고 이유식을 만들다 보면 시간이 훅 지나가 버리는 것을 느낀다. 각종 집안일을 하다가 힘들면 앉아서 쉬며 혼자 노는 아기를 바라보거나, 아기에게 미안한 마음이 들 때면 옆에 있어주며 장난감 몇 개 가지고 놀아주는 정도다. 집안일에 힘을 빼어 아기에게 적극적으로 말을 걸어주고 놀아주는 데에 한계가 올 때가 있다. 혹은 그동안 쌓인 피로의 누적으로 아무 말 없이 앉아 있거나 핸드폰을 바라보며 시간을 보낼 때도 있다.

그래서 집안일을 후다닥 해 놓고, 아기 이유식을 얼른 먹이고 낮잠을 재운 뒤에 '아기에게 더 집중'을 하고자 아기와 함께 베이비카페에 간다. 이곳 베이비카페는 엄마들이 티타임을 할 수 있는 테이블이 없어 아기들과 함께 노는 데에 전념할 수 있는 곳이기도 하다. 평일 늦은 오후 아기를 데리고 이곳에 왔는데 부부나 평상시 함께 연락하던 사이로 보이는 엄마들이 삼삼오오 모여 아기를 보고 있었다. 아기들은 이제 막 8개월에 접어든 다온이와 비슷해 보이는 개월 수의 아기들이 많았다. 엄마들이 모여 아기들에게 이유식을 먹이고 있었다. 호호 불며 먹여도 뜨겁다고 울어대는 아기를 달래고, 바닥에 흘린 이유식을 바쁘게 닦는 엄마의 모습을 보면서 '정신없는 일이 일어나는 것은 다 비슷하구나.' 하는 생각이 들었다. 옆에 있는 우리 아가를 바라보니 침을 흘리며 주변을 두리번거리고 있다.

다른 아기들은 몇 개월인지, 엄마들은 서로 어떤 관계인지도 내심 궁금하기도 했다. 하지만 우리 아기에게 더 집중하고자 다온이와 자동차 놀이도 하고 미끄럼틀도 타면서 놀고 있는데, 어떤 엄마 한 분이 내 곁에 와 말을 건다. 아기와 단둘이 온 내가 왠지 외로워 보여서 말을 거는 듯했다.

 엄마들은 안다. 집에서 엄마가 아기랑 얼마나 힘들게 있을지. 직장 일을 할 때는 말하기 싫어도 입을 열어야 하는 경우가 있는데 집에서는 말하고 싶어도 말할 대상이 아기밖에 없으니, 대화가 통하지 않는 아기랑 하루 종일 함께 있는 것이 때론 지루하고 공허한 일인지 말이다.

 그 마음으로 먼저 나에게 와서 함께 놀자고 손짓하는 엄마의 얼굴이 환하게 반짝여 보였다. 서로 말을 하지 않아도 알 것 같은, 통하는 마음. 엄마의 마음을 다 듣지 않아도 느끼는 그 마음. 엄마들은 다 한통속 같아서 반가웠고 감사했다.

 이렇게 아기 엄마들은 서로 말하지 않아도 지금 엄마가 어떤 상태고 마음일지 대략 짐작할 수 있다. 눈빛과 말투만 봐도 점쟁이처럼 느낌이 온다. 그래서 작은 일이라도 더 도와주고 나누려고 하는 것 같다.

아기를 안고 가는데 얼마나 고생이 많냐며 인사해 주시는 어느 한 아주머니, 공항에서 아기의 짐을 함께 들어주시는 아주머니, 아기와 단둘이 고향 제주로 가는 비행기 안에서 아기를 계속 안고 있으니 내가 힘이 들까 봐 아기를 안아주고 달래주시던 아주머니. 그밖에 소소하게 하나씩 챙겨주시는 분들을 보면 모두 아기를 키웠던 선배 어머니들이셨다.
지인의 집들이 모임에 갔을 때는 아기를 돌보느라 밥을 잘 못 먹는 나를 보고 다른 엄마들이 돌아가며 내 딸 다온이를 안아주고, 한참 힘들 때라며 먹을 것을 내 앞으로 더 내어 주셨다. 이렇게 엄마들의 응원과 도움을 받은 적이 한두 번이 아니다.

 서로 통하는 마음.
서로의 경험이 비슷하니 공감할 수 있는 게 아닐까.
공감이라는 두 글자가 감동으로 돌아올 때 지쳤던 마음이 따뜻하게 풀리는 듯하다. 나는 앞으로 누구에게 어떻게 되돌려줄까. 우중충할 수 있는 육아 일상에서 환한 햇살을 받은 것 같은 기분을 어느 아가의 어머니에게도 돌려주고 싶다.

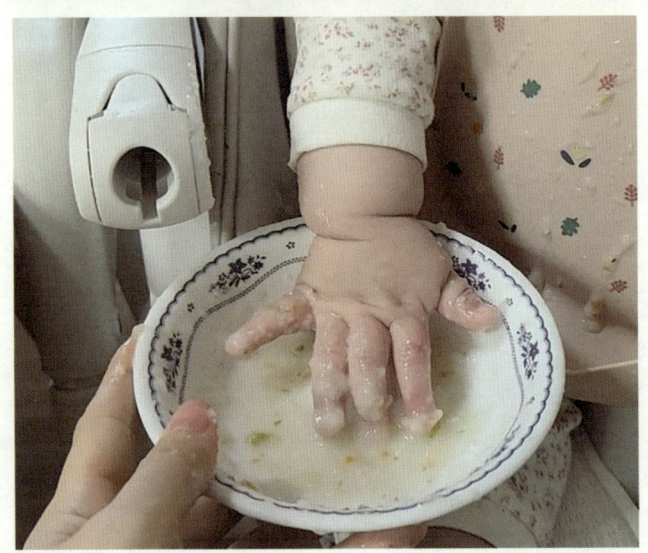

봄에는 어떤 일들이 일어날까.
다온이가 태어나서 처음 맞이하는 봄의 개강.
파릇파릇 새싹이 돋아나듯,
추위로 굳었던 몸과 마음이 풀려
아가와 나도 더욱 힘차게 나아가며
한 뼘 더 자라났음 좋겠다.

문센 가는 길

수강 신청이 완료되었습니다.

"와, 됐다!"

대학 시절, 인기 과목 수강 신청을 할 때 컴퓨터 앞에서 대기하고 있다가 모집 인원이 다 차버리기 전에 후다닥 재빠르게 해야 하던 때를 떠올리게 하는 문화센터 수강 신청. 대학 때 내가 듣고 싶었던 수업을 신청한 것보다 더 뿌듯해서 남편에게 자랑하기도 했다. 빨리 신청하지 않으면 인기 강좌는 몇 분 내에 마감이 되기 때문이다.

그래서 미리 수강 신청을 하는 날짜와 시간을 메모해 두었다가, 해당 시간이 다가오면 사이트를 열어두고 대기를 하고 있어야 한다. 그리고 수강 신청을 하기 전에는 아기와 어떤 수업을 들으면 좋을지 고민하며 강좌들을 살펴보고, 아기가 낮잠 자는 시간과 이유식 먹는 시간은 되도록 피해서 시간표를 짜야 한다. 낮잠도 자고 밥도 먹은 상태라야 아기가 칭얼대지 않고, 좋은 컨디션으로 수업을 들을 수 있기 때문이다. 만약 아기의 낮잠 시간이나 밥 먹는 시간이 수업과 겹치면 아기는 수업 시간에 칭얼대며 힘들어한다. 즐거워야 할 시간이 곤욕이 되는 것이다. 또한 엄마는 챙길 것이 더욱 많아지고, 외부에서 아기에게 밥을 먹여야 하는 번거로움이 있을 수 있다.

아기 이유식과 우유를 챙기고 기저귀, 여벌 옷 및 수업 준비물 등. 빵빵해진 아기 가방을 엄마가 힘들게 든 걸 아기가 알아줘서 문화센터까지 울지 않고 잘 따라와 준다면 다행이지만, 아기가 울거나 보채기라도 하면 난감해진다. 면허증이 장롱 안에 있는 초보 운전자인 나는 한 번씩 1일 특강을 신청한 문화센터가 조금 먼 경우에는 택시를 타기 때문에 아기가 울어도 안아서 달래며 케어 할 수 있다. 하지만 자가로 운전해서 오거나 유모차를 끌고 오는 엄마들은 아기가 울 때마다 겨울에도 등에 땀이 나며 머리가 서는 것 같은 당혹감을 느꼈다고 이야기하는 경우가 많다.

이렇게 문화센터에 다니려면 드는 시간과 에너지가 있는데 엄마들은 왜 아기들을 데리고 굳이 문화센터에 다니는 것일까?
아기를 낳고 육아를 하다 보니 힘이 들기도 하고, 집에서 하루 종일 아기와 단둘이 있는 시간이 지겹고 답답하게 느껴질 때가 있다. 그리고 어린 아가와 어떻게 놀아주면 좋을지 다양한 방법을 알고 싶고, 여러 촉감 놀이 등 집에서 하기 어려운 활동도 해보고 싶다. 아기가 심심해서 칭얼거리기라도 하면 무얼 하며 놀아줘야 하나, 무얼 해줘야 아기 발달에 도움이 될지 고민이 되는 시간도 종종 찾아온다. 그래서 엄마들이 문화센터 수업을 들으며 아기와 신나게 교감을 하고, 집안에만 있어 답답했던 가슴에 바깥바람을 넣어주는 것이다.

 수업을 기다리며 일찍 온 엄마들은 선생님이 잘 보이는 좋은 자리를 선점하고, 아기와 함께 수업을 기다리며 주변의 엄마들과 아기들을 슥 살펴본다. 다른 아기들의 발달 상황과 육아용품을 자동 스캔하며 슬쩍 비교해 보기도 한다. 하지만 엄마들만 봐도 아기를 낳고 키우는 같은 처지인 사람이라는 동질감이 들어, 처음이라 어색하기도 하지만 가까워지고 싶은 마음이 든다. 그래서 옆에 앉은 엄마에게 어색하지만, 미소의 인사를 건네 본다. 그리고 아기가 몇 개월인지 정보를 주고받는다. 조금 더 친해지면 육아 일상을 나누며 공감하고, 궁금했던 점들을 물어보며 도움을 주고 받는 엄마들도 있다.

 수업이 시작되면 다소 낯선 분위기 속에서 활기찬 선생님의 가르침에 따라 모든 엄마가 열심히 아기와 함께 교감을 한다. 아기와 눈을 마주치며 웃어주기도 하고, 아기의 몸을 어루만져 주기도 하고, 수업 재료를 보여 주며 아기 눈높이에 맞춰 엄마표 설명을 해 주기도 한다. 그동안 잘 못 놀아준 것만 같아 미안한 마음, 힘들어 잠시 소홀했던 마음을 한껏 푸는 시간이기도 하다. 그리고 아기가 엄마와 즐겁게 놀고 배우며, 행복하게 성장하기를 기대해 보는 시간이기도 하다.

 집에서도 최선을 다해 육아하고 있지만, 한 번씩 이렇게 나와서 선생님의 가르침에 따라 아기와 호흡을 맞추며 친밀히 교감하는 시간이 발랄하고 따뜻하게 느껴진다. 그렇기에 추워도 더워도 힘이 들어도 아기를 데리고 함께 문화센터에 가는 게 아닐까.

봄이 되면 집에서 가까운 문화센터로 수업을 들으러 간다. 그때가 되면 날도 따뜻해지고, 꽃도 피겠지? 유모차에 아기를 태우고 나무 구경, 꽃구경하면서 문화센터에 갈 생각을 하니 벌써 설렌다.
올봄에는 어떤 일들이 일어날까?
4월에 태어난 다온이가 처음 맞이하는 봄의 개강.
파릇파릇 새싹이 돋아나듯 추위로 굳었던 몸과 마음이 풀려, 아기와 나도 더욱 힘차게 나아가며 한 뼘 더 자라났으면 좋겠다. 아장아장 걸으며 행복해할 다온이의 얼굴이 벌써 아른거린다.

2장. 그리고 나

가을비에 먼지를 씻어 내린 초록빛 나뭇잎처럼
일상의 피로에서 나를 씻기는 시간.
바람에 흔들리는 나뭇잎처럼
갇혀있지 않고, 마음껏 흔들릴 수 있는 시간.

나를 놓아주는 시간이다.

내가 좋아하는 '시간'

"은지 씨, 나가서 바람 쐬고 들어와요."
 평일 내내 새벽부터 늦은 저녁까지 거의 독박육아를 하는 날들이 이어지자, 남편이 주말만큼은 나가서 바람을 쐬고 오라고 시간을 내어 준다. 그럼 나는 잠시 집 근처 공원에 나가서 산책하고 좋아하는 찻집에 들어가 차를 마신다.

 나는 이 시간을 참 좋아한다.
가을비에 먼지를 씻어 내린 초록빛 나뭇잎처럼 일상의 피로에서 나를 씻기는 시간. 바람에 흔들리는 나뭇잎처럼 갇혀있지 않고 마음껏 흔들릴 수 있는 시간. 나를 놓아주는 시간이다.

 파아란 솜사탕 같은 하늘 아래, 푸르른 잔디밭 놀

이터에서 살랑거리는 나무들을 바라보는 시간이 있기에 나는 오늘을, 돌아오는 한 주를 또 살아낼 수 있다. 이 시간 속에는 나는 그동안 아기를 보며 쌓였던 피로를 씻고, 미래를 향해 달리는 복잡한 계획을 중단한다. 하루 종일 달리는 삶의 기관사인 나를 잠시 놓아주는 것이다.

 차를 마시며 햇살에 빛나는 나무들을 바라보니 마음이 한결 가벼워진다. 잠시 생각을 비우고 나무들과 함께 살랑거려본다. 그러다 보면 슬픔과 행복, 기쁨, 불안, 설렘, 불쾌, 걱정, 간절함이 각자의 자리로 사르르 흩어져 날아간다. 그리고 남는 건 차분함. 이 시간만큼은 각자의 자리에서 조용히 자기 일을 하는 자연처럼 나도 차분하게 지금을 살고 싶다고 생각한다.

 마음이 차분해지니 투명하게 내가 보이기 시작한다. 남편도 아니고, 아기도 아닌 나. '김은지'라는 존재가 나에게 바짝 다가왔다. 그동안은 저 멀리서만 바라봤는데 나라는 존재를 가까이 들여다볼 수 있어서, 쓰다듬을 수 있어서 설레어 온다.
내 마음자리를 맑게 바라보며 앞으로 어떻게 살아가야

할지 생각해 본다. 떠오르는 생각들을 차와 함께 음미하다 보니 꿈꾸는 미래의 내 모습이 환하게 그려지는 듯하다. 육아에 치이다 보면 내가 꿈꾸는 자리는 저 멀리 흐리게만 보였는데 잠시 나를 놓아주는 시간 속에서 나를 더욱 가까이 보게 되는 이 역설적인 상황이 미묘하게 야릇하다.

한 장소에서 같은 차를 마시며 음미하는 '마음의 온도와 향'은 단 한 번도 같은 적이 없었다. 그리고 매번 조금씩 다른 빛깔로 가슴 저 중앙에서 발한다.
'오늘 하루는 어땠지? 에서부터 나는 어떤 사람일까, 나는 앞으로 어떤 일을 하고 싶고, 어떻게 살고 싶은가….'
잔잔히 나를 바라보다 보면 지금 나에게 필요한 건 믿음과 용기이고, 퇴직으로 인해 움츠러들 것 같은 시기에 자신감이었다.

평온함과 불안, 설렘과 두려움, 꿈과 현실, 게으름과 절실함이 서로 팽팽히 줄다리기 할 때가 있지만, 이 양가의 감정들을 새끼 안 듯 끌어안으며 삶의 고락(苦樂)을 마음껏 느끼고 싶다.

결혼하기 전 20대 후반기에 젊음의 용기와 패기를 갖고, 혼자 막연히 중국으로 배낭여행을 간 적이 있다. 중국어를 잘할 줄도 모르면서 지도 하나 갖고 숙박 예약도 하지 않은 채 발길 닿는 대로 마음 가는 대로 다녔었다. 미지의 세계를 탐험하듯 구석구석 걸어 다니고, 다리가 아프면 자전거를 타고 다니며 보고 느꼈던 시간들. 이 여행 속에서 나는 자식에게 들려줄 엄마의 에피소드를 만들었고, 미지의 인생을 살아갈 수 있는 자신감과 도전심을 얻기도 했다. 하지만 시간이 지나고 나이를 더 먹을수록 용기는 빛이 바래고 두려움이 진해져 오기도 했다.

'내가 잘할 수 있을까. 잘살 수 있을까. 이렇게 가는 게 맞을까….' 문득문득 의구심이 들며 불안할 때도 있지만 다가오는 삶이 두렵지 않다는 것을 여행을 통해, 그동안 걸어 온 삶을 통해 깨닫게 되었다. 그래서 불안이 슬쩍 밀려올 때면 혼자 배낭여행 했던 그때를, 기대감을 안고 일자리를 도전했던 그때를 떠올려 본다. 과거의 힘으로 지금의 나를 일으켜 세우고, 미래의 나를 믿어보는 것이다.
이렇게 나의 삶을 다시 한번 더 믿는 이유는, 울고 웃으

며 넘어지고 일어서며 돌고 돌아 '괜찮다, 하면 된다.'
라는 것을 배웠기 때문이다. 그 어떤 것도 실패와 불행
한 것은 없으며, 모든 경험은 배우며 성장하기 위해 놓
인 길일 테니까. 나를 꽤 괜찮은 사람으로 만들기 위한
일일 테니 말이다.

 그러니 나를 놓아주는 시간에는 내 안에 꿈틀대는 것
에 집중해 보기로 한다. 꿈틀대는 것들이 내가 그리는
꿈의 돌다리를 놓아준다. 그리고 앞으로 나는 그 돌다
리를 하나씩 건너갈 것이다. 물론 건너가다 보면 물에
빠져 허우적대기도 하겠지.
그럼 그 참에 물놀이를 해 버릴 테고, 묵은 때도 벗겨
버릴 테다. 그리고 다시 돌다리로 올라가 천천히 하나
씩 건너 내가 그리는 낙원으로 도착하게 될 거라 믿는
다. 그리고 다시 돌다리를 건너겠지. 그렇게 이어져가
겠지.

 초록빛 햇살을 맞으며 차 한 잔을 마시고 멍 때리는
시간 동안, 나는 나만의 세상에 가 닿았다.
 웃고 울고, 떠들고, 차분히 나를 바라보고, 춤을 추고,
날아다니고…. 오감이 서서히 깨어난다.

나를 깨우는 시간이다.
나를 알아가는 시간이다.
나를 키우는 시간이다.
나를 살리는 시간이다.

나는 이 시간을 사랑한다.

결혼적령기를 넘기고
잘 될지 말지도 모르는 남자를 위해
'간절히' 기도하는 일
그저 '한 사람'을 위해 기도하는 일.

남편과 육퇴 수다
'한 사람'을 위한 기도

 아기가 잠든 저녁, 아기가 깰라 붉은 빛 조명 밑에서 남편과 나는 살금살금 술상을 차렸다. 대학 동기 수진 언니가 남편과 함께 먹으라고 선물로 준 레드 와인을 개봉할 시간. 신나고 설렜다. 일명 '육퇴', 남편과 와인을 한잔하며 맛을 음미하고 하루를 음미했다.

 "음, 깔끔하고 맛있다."
와인과 함께 달달한 치즈비스킷을 한입 베어 물며 피로를 날렸다. 하루 동안 치였던 벅찬 숨을 정리하고, 있었던 일을 공유하는 시간. 분위기를 내기 위해 형광등은 끄고, 은은한 조명을 등 뒤로 마주 보고 앉았다. 하루 종일 떨어져 있다가 늦은 저녁에야 만난 우리. 분위기를 잡고 앉으니 살짝 어색도 했지만 각자의 자리에서 열심히 하루를 살아냈을 우리가 서로를 들여다보는 값진 시간이기도 하다.

언제나 우리는 '아기 이야기'에서부터 시작한다. 지금 우리에게의 이슈는 백일이 다 되어 가는 딸 다온이의 귀여운 모습이기 때문이다.
"오늘 회사에서 동기들한테 다온이 사진 보여줬는데 귀엽다고 난리 났잖아. 객관적으로 봐도 진짜 너무 귀여워! 흐흐흐."
 딸이지만 대장군 같은 다온이, 오동통한 볼살에 눈코입이 반쯤 가려져 있는 딸아이를 보고 차마 예쁘다고 할 수 없어 예의상 귀엽다고 해 주었을 수도 있지. 하지만 남편은 '객관적'으로 봐도 정말 예쁘고 귀엽다며 딸내미한테 흠뻑 빠져있다. 이제 막 연애를 시작한 사나이가 예쁜 여자친구를 자랑하는 모습마냥 들떠 있는 것이 귀여워 픽 웃음이 났다.

 내가 이 남자의 아이를 낳게 될 줄이야.
부부연이라는 신기함에 불과 이삼 년 전으로 돌아가 연애 시절을 돌아보게 되었다. 남편을 만난 지 얼마 되지 않았을적, 교제하기로 하고 한 달이나 지났을까. 교수

임용에서 최종까지 가서 아쉽게 떨어지는 경우가 여럿이라 마음이 많이 힘들었을 남편. 그럼에도 힘든 내색하지 않고 꾸준히 도전하고 노력했던 남편. 이 남자를 보는데 내 마음이 되려 짠했다. 계속되는 실패에 찢어질 듯 쓰릴 것도 같은데, 늘 웃음으로 쿨하게 넘기려는 모습이 대단하다 싶으면서도 안쓰러운 마음이 정말 잘 됐으면 하는 간절한 바람을 갖게 했다. 이번에는 다른 직종으로 원서를 낸 당시의 남자친구이자 현 남편. 그를 위해 기도가 하고 싶어졌다.

마음을 무겁게 하는 것들을 내려놓고, 성찰하며 차분히 마음을 갖고 싶을 때 찾던 길상사. 성북동에 있는 절로 <무소유>를 쓰신 법정스님께서 입적하신 곳이기도 하다. 장마철이었던 여름. 길상사에 올라갈 때에는 비가 많이 내리지 않았지만 그를 위해 기도하고 내려올 때에는 굵은 장대비가 내려 바지가 다 젖었다. 우산은 바람에 흔들리고 빗줄기는 모이고 모여 홍수가 일어날 것처럼 내리막길로 거세게 내려쳤다. 그 빗속에서도 한 쪽 손에는 우산을, 다른 한 쪽 손에는 핸드폰을 들고 남편과 통화를 하며 지하철역까지 빗물과 함께 내려갔다.

"은지 씨 이렇게 비 오는데 길상사까지 갔어요? 가서 무슨 기도를 했나요?"
"저 길상사 좋아해요. 한 번씩 오면 좋더라고요, 마음도 편해지고요. 그냥 바라지는 걸 기도했어요."

그때는 남편한테 당신을 위해 기도했다는 이야기를 차마 하지 못했다. 만난 지 얼마 되지 않은 남자를 위해 빗속을 뚫고 가서 혼자 법당에서 기도했다는 이야기는 괜히 오버인 것 같으면서도 남편에게 부담을 줄 수 있기 때문이었다. 이제야 와서 남편과 함께 그때의 추억에 젖어들었다.
"자기야, 그때 나 자기를 위해 기도했다?"
"뭐라고 기도했는데? 나 임용 잘되라고 기도했어?"
"아니, 무조건 붙게 해 달라고 기도하지는 않고... 자기가 원서를 넣은 그곳이 정말 자기에게 도움이 되고, 자기가 도움을 줄 수 있는 곳이라면 그렇게 서로 좋은 인연될 수 있는 곳이라면 붙게 있게 해달라고 기도했어. 그래서 당신도 이제는 보람과 성취감을 얻을 수 있다면 참 좋겠다고 말이야."

결혼 적령기를 넘기고 잘 될지 말지도 모르는 남자를

위해 '간절히' 기도하는 일. 그저 '한 사람'을 위해 기도하는 일. 우리의 연이 끊어질 수도 있지만 열심히 살아온 이 남자가 조금이나마 행복해지고 하는 일에 자신감과 자부심을 얻어 더 힘차게 나아가길 바라는 마음뿐이었다. 그 이상 바랄 게 없었다.

그때의 내 마음이 하늘에 통했을까. 이 남자 결국 원하는 직장이 잘 되었다. 우리 관계도 더 돈독히 되어 결혼도 하고 웃음이 예쁜 딸을 낳았다.
"은지 씨랑 내가 부부연이 되려고, 은지 씨가 길상사에 가서 내 기도를 하게 됐나봐."
"그러게"

부부연이 되려고 길상사에 가서 그의 기도를 하게 된 것 인지, 길상사 가서 그의 기도를 한 것이 부부연이 된 것인지는 모르겠지만 당신과 이렇게 마주보고 있어서, 함께 할 수 있어서 참 좋다.

저기서 우리 아기는 새근새근 평화롭게 잘 자고 있다.

사랑에 대해 생각하면
이유를 잘 모르겠다.
뭐가 잘못 되어 가고 있는지,
왜 이리 사랑이 어려운 건지,
왜 이리도 슬픈지...

꿈속 할머니의 예견

늘 같은 일상이다.

늦잠을 자고 일어나 씻고 화장하고 집을 나선다. 일터로 나아가는 마음이 무겁다. 오늘의 빡빡한 일정과 잘해야 한다는 막중한 책임감. 하지만 기저에 깔린 미세한 설렘이 출근길의 발걸음을 가볍게도 한다. 밥도 안 먹고 미친 듯이 자료를 만들고 강의를 하고 아이들과 대화를 나누다 보면 내 안에 있는 열기가 다 빠져나가 다시 나를 휘감는 듯하다. 아이들과 손잡고 일에 미쳐 살다 보니 사랑이 멀어졌다.

아니, 사랑을 하고 싶어 문을 두드려 보았으나 번번이 실패다. 서로가 사랑했지만 타이밍이 맞지 않아 멀어지고, 노처녀 소리 들을 정도의 나이를 먹었으나 사랑 표현이 어린애처럼 순진하고 서툴러 멀어지고, 조급함에 멀어지고, 너와 나의 마음이 달라 멀어지고, 이렇게 가슴앓이를 한 번, 두 번, 세 번, 네 번... 하다 보니 가슴에 멍울이 졌다.

  수업이 끝나 하루 종일 급히 몰아쉰 숨을 천천히 내쉬어 본다. 밤이슬 속에 오색 형광등이 빛나는 거리를 걸으며 집으로 돌아오는 길. 커플들이 맥주를 마시며 어깨를 비비는 모습이 나에게는 찡하다. 사랑에 대해 생각하면 이유를 잘 모르겠다.
뭐가 잘못되어 가고 있는지.
왜 이리 사랑이 어려운 건지.
왜 이리도 슬픈지.

  집으로 돌아와 새까맣게 꺼진 불을 켜고 들어온 차가운 방 한편에 툭 하니 가방을 내려놓았다. 그리고 후다닥 씻은 후 한숨 한 번 푹 쉬고 잠이 들었다.

  우리 할머니, 생전에 나를 아끼셨던 할머니가 꿈에 나왔다. 할머니가 나를 옆으로 물끄러미 바라보며 물으신다.
  "은지야, 너 왜 시집을 안 가냐...?"

"모르겠어요. 할머니, 생각처럼 쉽지 않네요...."
"봐라, 내년에는 꼭 만날 거다."

꿈에서 깨니 할머니가 해 주신 마지막 말씀이 귓가에 마음가에 맴돌았지만 외로워서 꾼 개꿈이려니 했다. 하지만 할머니가 해 주신 말.

"봐라 내년에는 꼭 만날 거다."

이 말씀에 할머니가 손녀를 안쓰러이 걱정하는 마음이 느껴져 가슴이 턱 막혔다. 쉼 없이 달려온 나날들. 이제는 할머니의 말씀처럼 누군가를 만나 쉼을 내며 사랑을 하고 싶다. 할머니의 예견인가. 그러고 일 년 후 나는 꿈처럼 그를 만났다. 지금의 남편을.

꿈해몽을 믿지 않지만, 이 꿈은 참으로 묘했다. 정말 예지몽이라는 게 있는 것일까. 계속되는 사랑의 실패로, 한 사람을 만나 부부연을 맺기까지는 조상이 도와야 한다고 생각하기도 했었는데 정말 할머니께서 도우신 것일까. 어떻게 내 마음이 왜곡 없이 이 사람에게 닿았을까. 이 사람을 만나려고 그동안 그렇게 아픔의 쳇바퀴를 돌고 돌았던 걸까. 사랑의 실패가 아니라 사람을 알아가고, 나를 알아가는 경험이라 생각하고 싶지만 쓰디쓴 소주를 한 잔에 털어버리고 싶은 날들이다.

하지만 이 사람이 쓰디쓴 소주를 시원하고 달달한 에이드로 서서히 바꿔 놓았다.

 어느 날 우리는 광화문의 한 커피숍에서 첫 만남을 갖게 되었다. 첫 만남에서부터 일로 늦은 나를 보고도 환하게 웃어주던 남자. 난 수더분함 속에서 솔직할 수 있는 용기를 가진 이 남자에게 호감을 느꼈다. 그렇게 우리의 사랑은 소리소문없이 시작되었다. 도파민이 들끓는 두근두근 사랑은 아니었지만, 일에 치여 몸과 마음이 힘든 일상에서 있는 그대의 내 모습을 보여 주어도 편안하고 잔잔한 남자였다. 그가 좋아하는 모습을 보여줘야 한다는 부담감이 없는 남자. 내 깊은 내면 그대로 다 보여 주어도, 추리닝 입고 부스스 나가도 포근히 안아 줄 것 같은 남자였다. 어쩌면 남편이 나에게 자신의 모습을 꾸밈없이 보여줬기 때문에 가능한 일이었을지도 모른다.

 할머니는 손녀딸이 편안한 사랑을 하기 바라셨을까. 나는 남편 품에 안겨 지친 몸과 마음을 쉬었고, 그때 받은 치유의 힘으로 이직을 준비하는 남편에게 잘될 거라는 용기와 자신감을 실어줄 수 있었다. 그렇게 우리는 서로에게 필요한 정서를 내어 주는 관계가 되었다. 이러한 관계 안에서 우리는 잔잔하고 따뜻한 사랑을 해 나갔고, 할머니의 작고 얇은 입술을 쏙 빼닮은 딸아이까지 안았다. 딸의 입술을 볼 때마다 할머니가 생각난다.

생전에 자주 살 부대끼며 지내지 못한 할머니의 체온이 그립다. 지상에서 종종 함께하지 못한 아쉬움을 하늘에서 푸시는 걸까. 하늘에서도 나를 한 번씩 봐주신 것 같아 감사하다. 외로웠던 나의 마음을 헤아려 주신 것 같아서. 나를 지켜봐 주신 것 같아서. 이제는 내 딸 다온이를 보면서 그리고 수많은 구름과 별들을 헤아리며 할머니를 더욱 그리워할 것 같다.

애정표현을 하며 사는 부모가
더이상 부끄러움의 대상이 아닌,
떳떳하게 자랑하고 싶은
자신의 위너버가 된다.
자기 눈에 부족한 사람을
끝까지 끌어안는 일이란
쉬운 일이 아니기 때문이다.

아이에게 보여주고 싶은 것

 저녁에 아이를 재운 후 하루 동안 아이를 안으며 흘리고 말리고를 반복했던 땀을 시원히 씻고 나왔다. 머리를 탈탈 털다가 불현듯 '아까 남편과 함께 포옹하며 뽀뽀하는 모습을 다온이는 어떻게 봤을까?' 하는 의문이 들었다. 그리고 앞으로 살아가면서 내 딸 다온이는 우리의 애정 표현을 어떻게 받아들일까 하는 생각을 해 본다.

 남편은 퇴근 후 집에 들어오면 땀으로 절여진 파김치가 아니라 밭으로 다시 돌아가려는 싱싱한 파가 된다. 아기를 보면 하루 종일 회사 일로 피로했을 육체와 정신이 다시 살아나는 듯하다. 그는 격양된 목소리로 신이 난 아이처럼 딸에게 말을 건넨다.
 "다온아! 엄마 아빠 뽀뽀한다. 이것 봐라! 쪽쪽쪽."

우리는 뽀뽀하며 보란 듯이 꽉 껴안는다.
이제 백일이 갓 넘은 아기는 이런 우리의 모습을 보고 씽긋 웃다가 신기한 듯 바라본다. 자기를 안아주고 우유를 주는 존재들이 서로 붙어있구나 생각하겠지? 아니면 큰 거인들이 붙어서 움직이고 있다고 생각할 것이다.

 아이가 좀 더 커서 '유치원생'이 되면 "힝, 나도 안아줘." 하며 우리 둘 사이를 질투하듯 파고들 것이다. 그러고는 엄마 아빠의 냄새와 체온 속에서 안정감을 느끼겠지.

 아이가 좀 더 커서 '청소년기'가 되면 우리를 낯부끄럽게 바라볼 것이다. '남사스럽게 다 큰 어른이 자식 앞에서 뭐 하는 거야.' 하고 생각하며 다 큰 어른인 양 픽 웃고 방 안으로 들어가 버릴지 모른다. 부모가 나누는 뽀뽀의 깊은 의미까지는 읽지 못하고, 육체적인 민망한 사랑으로만 생각하면서 말이다.

 아이가 좀 더 커 '성인'이 되면 부모의 애정 표현이 힘든 날에 받는 '따스한 선물'이 될 수 있다. 아이도 원시

림 같은 사회에서 사느라 피로했을 마음에 따스하게 쉬어갈 수 있는 보금자리를 선물 받은 느낌을 받을 것이다. 서로 사랑하는 부모가 곁에 있다는 것은 어떠한 물질적인 풍요보다 내면을 행복하게 한다. 마음이 풍요로워지니 자신감이 붙어 당당해진다. 가족 간에 불화가 있는 재력가가 부럽지 않다. 당당하니 아낌없이 사랑을 주게 되고, 사랑을 주게 되니 부메랑처럼 다시 사랑을 받으며 밝고 건강한 사람으로 성장해 간다.

 또한 부모가 포옹하며 서로 사랑하는 모습 속에서 자식은 상대의 부족함도 끌어안는 넓고 깊은 사랑, '포용'을 배우게 된다.
아이들도 안다. 부모의 부족한 점을.
어릴 때는 순진무구한 눈으로 부모를 보았다면 자라면서 한층 성숙한 눈으로 부모를 투명하게 바라보게 된다. 그리고 깨닫는다. 부모도 나와 다를 게 없는 인간이라는 것을. 꼬맹이 때 우러러봤던 대단한 어른이 아니라, 서로 부족한 사람끼리 만나 아옹다옹하며 핥고 쓰다듬으며 사는 존재라는 것을. 그래서 애정 표현하며 사는 부모가 더 이상 부끄러움의 대상이 아닌, 떳떳하게 자랑하고 싶은 자신의 워너비가 된다. 자기 눈에 부족한 사람을 끝까지 끌어안는 일이란 쉬운 일이 아니기 때문이다. 나 또한 그랬다. 지지고 볶으며 싸워도, 결국에는 안쓰러운 마음으로 끌어안아 쓰다듬는 부모님의 모습에서 인간의 나약함을 느꼈고 가슴에 생채기도 났지만, 나약함을 뒤에서 받치고 있는 '사랑의 강인함'도 보았다.

 난 내 딸 다온이가 함께하는 사람을 깊이 있게 사랑하면서 자신도 함께 커 나가는 성숙하고 따뜻한 사람이 됐으면 좋겠다. 아플 때도 있지만 진짜 사랑을 할 줄 아는 사람으로 말이다. 그렇기에 나는 오늘도 내일도, 바다의 파도 같은 일상 속에서 다시 힘을 내어 남편을 힘껏 끌어안으려 한다. 잘 보아라! 내 딸아!

다온아, 너는 내 품에 안겼지만
엄마는 지금 고향 품에 안겼어.
다 좋아. 지금 부는 부드러운 바람도,
구멍 뿅뿅 돌담도, 심그러운 풀꽃도, 충성심 높은 마당개도,
옹기종기 싱그한 군밭도, 저 멀리 펼쳐진 청푸른 바다도.
올 때마다, 이 길을 걸을 때마다 느끼는 거지만
참 좋다.
"어렸을 때는 왜 몰랐을까.
　다온아, 지금 엄마 참 좋아."

다온아, 지금 엄마 참 좋아.

"다온아, 제주 할머니 댁에 오니깐 좋지? 해가 살짝 저물어서 선선해진 것 같은데 엄마랑 같이 산책할까?"

아기와 집에서만 있기에는 너무나도 아까운 시간과 풍경. 이제 갓 4개월이 넘은 딸아이를 안아 밖으로 나왔다. 해가 잠시 숨 고르기를 하며 퇴근 준비를 하고 있는 시간. 낮 동안 붉게 타올라 세상을 밝혔던 해가 퇴근하고, 어두운 세상을 다시 밝혀 줄 달이 출근하기 전에 얼른 나와 아기에게 이 길을 보여주고 싶었다. 제주 고향에 올 때마다 꼭 한 번 걸었던 동네 한 바퀴.

제주도 신촌. 서울 신촌을 연상하면 안 된다.
말 그대로 新村(신촌)이다. 새로 만들어진 마을. 개발이 덜 된 '촌'이다. 집 앞에는 과수원과 채소밭이 오솔길을 따라 펼쳐져 있고, 제주의 시그니처인 현무암 돌담이 골목골목 마을길을 안내해 준다. 서울살이 하다가 집에 내려오면 어찌나 편한지 마음 둘 곳 없이 바삐 살다가, 마음 둘 곳을 찾은 것 같은 기분이다. 그렇기에 툇마루 같은 공간이 고향 아닐까.

 해 질 무렵, 저 멀리서 바다를 건너온 제주 바람이 머릿결을 스치며 피부를 어루만져 준다. 결혼하기 전에는 올레길 같은 이 길을 따라 걸으며 미래의 신랑감과 손을 잡고 함께 걷는 모습을 상상해 보기도 했다.
이 길을 함께 걸으며 무슨 대화를 나눌까.
이 길을 어떻게 소개해 줄까.
그 사람도 이 길을 좋아할까.

 혼자만 보기에는 아까운 곳이기에 사랑하는 사람에게 공유하고 싶은 마음. 그게 언제일지 미지수였는데... 어느덧 결혼하고, 일 년 만에 귀여운 딸을 안았다. 남편과 함께 이 길을 걸을 땐 깍지 낀 두 손이 참으로 포근하고, 반짝이는 햇살에 우리의 웃음은 빛이 났는데 이번에는 남편이 출장을 가 있어 함께 하지 못해 아쉽다. 대신 어느새 내 품에 폭 안긴 딸과 함께여서 감회가 새롭고 또 다른 설렘이 폭신폭신하다.

아기와 '한 걸음 한 걸음' 걸으며 눈에 '하나하나' 담아가는 풍경들. 과수원에 열린 귤나무의 귤이 익으려면 아직 멀었다. 한낮 동안 햇볕이 내리쬐는 이 더운 여름에도 청귤들은 방울방울 모여 있다. 제주 바람이 잘 통할 것 같은 구멍 뽕뽕 각양각색 돌멩이들은 한데 모여 담을 이루고 길을 안내해 준다. 길옆으로는 도무지 알 수 없는 이름 모를 들꽃과 풀잎들이 우리를 보며 신기한 듯 쳐다보고 있다.

계속 걷다 보니 어렸을 적 손에 물들이며 놀았던 봉숭아꽃이 '짜잔' 하며 나타난다. 어찌나 반가운지 손톱 주변까지 주황빛으로 물들이던 그때로 스며들어 간다. 몇 걸음 더 걸으니, 귀걸이를 만들며 놀았던 진분홍 분꽃이 우리를 반기며 손짓한다.

"다온아 이 꽃 예쁘지? 보여? 이 꽃은 엄마가 어렸을 때 꺾어다가 귀걸이처럼 달랑달랑 귀에 걸며 놀았던 꽃이야. 엄마가 참 좋아했던 꽃이지! 근데 지금은 마음 아파서 꽃을 못 꺾겠다. 보기만 해도 좋다. 그렇지?"
아기는 분꽃을 가만히 들여다보며, 내 목소리에 귀를 기울인다. 꽃과의 반가운 만남에 콧노래를 흥얼거리며 한 걸음 한 걸음 마음길을 놓아본다.

집으로 내려오는 길에는 집마다 개줄로 묶인 진돗개들이 멍멍 짖어대기도 하고, 간을 보며 우리를 슬그머니 살펴보고 있다. 아기는 개 짖는 소리에도 꿈적하지 않고, 눈만 꿈벅꿈벅 한다. 그럼에도 나는 아기가 놀랄까 봐 더 꽉 안아준다.

다온아 너는 내 품에 안겼지만, 엄마는 지금 고향 품에 안겼어. 다 좋아. 지금 부는 부드러운 바람도, 구멍 뻥뻥 돌담도, 싱그러운 풀꽃도, 충성심 높은 마당개도, 옹기종기 상큼한 귤밭도, 저 멀리 펼쳐진 청푸른 바다도. 올 때마다 이 길을 걸을 때마다 느끼는 거만, 참 좋다.

"어렸을 때는 왜 몰랐을까. 다온아, 지금 엄마 참 좋아."

"아빠한테 부동산을 사달라고? 어렸을 때?"
"응! 부동산이 아니라 '맛동산'인데,
  옛날 그 맛동산 과자 알지?"
"자기가 그랬어?"
"아니, 우리 언니가 그랬어! 맨날 부동산 사오라고."

헛소리

 남편과 수다를 떨다 보면 배꼽 잡고 웃을 때가 있다. 아기를 낳고 나서 기억력이 감퇴되고 헛소리가 나올 때가 있다고 하는데, 남편이 이제는 안 믿는 눈치다.

 어느 날 외출하려고 나갔는데 집에 핸드폰을 두고 왔다. 아뿔싸! 다시 핸드폰을 가지러 가려고 아파트 현관문 앞에서 급하게 집 호수를 누르는데 미등록 세대라고 한다.
 "자기야, 내가 608호를 누르는 데 자꾸만 아니래."
 "어이쿠, 603호겠지…."
 이후 아기를 유모차에 태우고 남편과 아파트 주변을 산책하다가 아기의 눈을 보니 남편과 똑 닮았다.
 "자기야 우리 다온이 꼭 마시멜로 같지? 자기 눈이랑 비슷해."
 "마시멜로가 아니라 마시마로겠지. 마시멜로는 초코

파이에 그 먹는 거 아니야?"
"하하하하, 맞아 그러네!! 미치겠다. 내가 요즘 이래."

어느 날 혼자 딸방을 정리하고 있는데 남편이 들어왔다.
"자기야, 이쪽으로 오지 마! 얼른 나가. 스핑크스가 나타났어!" (방귀 냄새가 나기 시작한다.)
"스핑크스가 아니라 스컹크겠지."
"하하하하하하, (배꼽을 잡으며) 맞아 그러네! 나 진짜 왜 이러냐."

남편은 모르고 넘어갈 만도 한데 기막히게 잡아낸다.
"나중에 나.... 치매 오는 거 아니야?"
"그러게 치매 걸려서 똥 싸는 거 아니야?" 하며 장난치는데 남편 농담에 어이가 없어 어퍼컷을 날리며 한 번 더 웃는다.
그리고 남편이 웃으며 하는 말.
"나중에 나한테 '레미콘' 달라고 하는 거 아니야? 레미콘은 비싸서 못 준다. '리모컨' 달라고 해야 해."
"하하하하하! 자기는 어쩜 이렇게 잘 받아 치냐. 진짜 웃겨!! 그러고 보니 옛날에 아빠한테 늘 '부동산' 사 오라고 했잖아."

"아빠한테 부동산을 사달라고? 어렸을 때?"

"응! 부동산이 아니라 '맛동산'인데! 옛날 그 맛동산 과자 알지?"

"자기가 그랬어?"

"아니, 우리 언니가 어렸을 때 그랬어! 맨날 부동산 사 오라고."

"아, 이게 집안 내력이구먼! 하하하."

다행이다. 치매 올지 두려웠는데 집안 내력으로 끝난 게. 내가 잘못 던진 단어 하나도 기가 막히게 받아내는 남편이 있어 오늘도 웃는다. 출산 후 건망증이 너무 심해지는 것은 아닌가 하고 스치듯 괜히 걱정했었다. 물건을 깜박 놔두고 다니는 것을 넘어서, 집 호수까지 깜박하는 나를 보며 '이 여자 왜 이러나....' 하고 남편도 내심 걱정을 했을 것이다. 하지만 출산으로 예민해질 수 있는 시기에 너무 깊이 들어가지 않고 소소한 농담으로 불안을 가볍게 날려버리니, 내 마음도 한결 가벼워지는 것 같다. 일상 속 배꼽 잡는 말장난 유머가 걱정을 덮어 버렸다.

어떤 한 구절이
마음에 와 콕 박힌다.
' 이렇게 약속할게. 어떤 아픔이 와도 내가 널 지킬게.'
우리 엄마처럼 삶의 순간순간 어떤 아픔이 와도
다온이 너는 내가 지킬거야

미안해 다온아, 그리고 사랑해 다온아.

어떤 아픔이 와도 널 지킬게

 내 딸 다온이를 안고 아기의 머리와 목덜미에 코를 박고 킁킁거리며 냄새를 맡는다. 아기는 내 어깨에 기대어 살냄새를 맡으며 잠이 들었다. 아기와 엄마가 서로 의지하며 나누는 '살냄새 선물'이다. 아기를 안으며 '나는 엄마'임을 다시금 인지하고, 앞으로 어떤 엄마가 되어 주어야 할지, 어떻게 살아가야 할지 생각해 본다.

 엄마가 된 후로 내 감정에 휩쓸려 내 마음대로 행동하는 일은 없어야겠다고 생각했던 적이 있다. 남편과 부부싸움을 하고 잠이 안 와 침만 꼴닥꼴닥 삼키다 새벽을 꼴닥 새고 '보란 듯이' 집을 나갔다. 새벽에 갈 데가 없어 친한 언니 집으로 갔다. 택시를 타고 언니 집으로 가며 딸 다온이에게는 미안했지만 지금 내 마음을 정리하고 털어내야만 할 것 같았다. 그리고 언니의 조언에 마음을 다잡고 싶은 생각도 들었다. 그렇게 새벽길을 달려 언니 집까지 찾아갔는데 '결국' 남편의 출근이 걱정되어 삼사십 분 만에 이야기를 후다닥 정리하고 일어섰다. 택시를 타고 집으로 돌아오는 길, 동트는 아침 햇살을 멍하니 바라보며 내 마음을 비춰 보았다.

'엄마로서 하지 말아야 할 행동을 한 건 아닐까.'
 어떤 아픔이 와도, 아기를 두고 나가는 행동을 해서는 안 되는데. 남편에게 실망감을 주는 행동을 해서는 안 되는데….부족한 아내고 엄마라는 생각에 떠오르는 아침해를 바라보기 부끄러웠다. 요즘은 친정어머니께 드릴 선물로 엄마에 관한 책을 쓰고 있다. 엄마의 삶을 인터뷰하며 미처 몰랐던 다채로운 삶의 모습과 감정을 그리며, 웃고 우는 요즘이다.

 IMF 아빠 사업이 어렵게 되면서 집안에 빨간딱지가 붙어 엄마의 마음에는 화염 같은 불길이 치솟았지만, 정신을 꺼뜨리지 않으려 노력하며 사방팔방 뛰어다녔던 우리 엄마. 자식 셋이 집안에 앉아 또릿또릿 부모를 바라보고 있는데 밖에 나가서 스트레스를 푸는 남편. (아버지가 이런 상황에서 집이 편할 리가 있을까... 밖에서 어떻게 살까 술 한잔하며 고민하는 시간도 많았으리라.) 정작 엄마는 나가지도 못하고 통장에 잔금을 보며 마음을 접는 나날들. 주변 친척들에게 도움을 요청하고 싶었으나 도움은커녕 어린 막내며느리에게 돌아오는 건 무시와 멸시. 하늘을 보고 땅을 보아도 길이 보이지 않아 막막했다던 엄마. 제주 밤바다에 가서 소리를 내어 질러도 들리지 않던 그때. 하지만 다시금 정신을 차리고 돌아와 남편에게는 용기를 북돋아 주고 자식은 들쳐 메어, 살길을 찾아 헤맸던 나날들.

엄마의 삶에서 내 삶으로 이동하는 순간, 나는 철부지였다. 내 감정이 우선인 '아가씨, miss'였다. 난 엄만데, 이젠 한 남자의 아내인데. 내 행동이 미스였다. 생각지도 못한 갈등에 상처를 받았다 여기고 아기를 두고 집밖으로 나온 행동. 잠시 한숨을 고르는 시간이었을지는 모르겠지만, 나를 돌아봤을 때 스스로 작아지는 행동을 해서는 안 되겠다는 생각이 들었다.

'이제부터는 절대 그러지 말아야지.'

습한 바람에 부끄러움이 더해져 열기 나는 여름이지

만, 이 시간이 지나고 나면 내 마음에도 붉은 열매 맺는 가을이 오겠지. 음악을 들으며 산책길을 따라 마음을 달래본다.
요즘 즐겨듣는 음악, 이석훈의 <너였구나>
이 노래를 듣다 보면 딸에 대한 사랑과 책임감이 더 커지는 것 같다.

너였구나! 내가 꿈꿔 온 사랑
예쁘기도 하지
너의 모습 작은 숨결까지도
한없이 아름다운 나만의 꽃
지켜줄게 널 위해 살아갈게
널 만난 것만으로 그 어떤
행복도 비교 못 해 감사해
날 닮은 널 보는 게
날 닮아 갈 너를 안으며
이렇게 약속할게
어떤 아픔이 와도 내가 널 지킬게
하루하루 간직할게 너를

어떤 한 구절이 마음에 와 콕 박힌다.

'이렇게 약속할게. 어떤 아픔이 와도 내가 널 지킬게.'
우리 엄마처럼 삶의 순간순간 어떤 아픔이 와도 다온이 너는 내가 지킬 거야.

미안해 다온아. 그리고 사랑해 다온아.

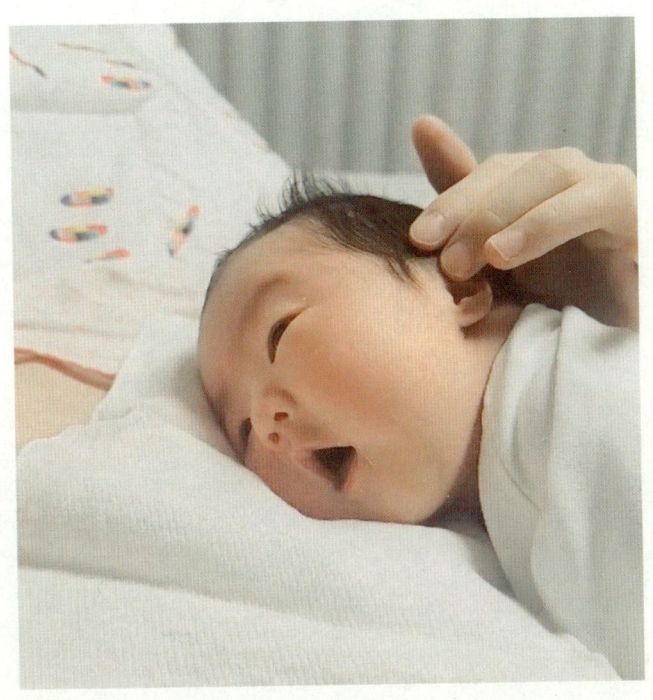

임신과 출산으로
다 들어가지 않은 배와 여린 아기의 피부를
고려해 헐렁한 면 티셔츠를 입고,
아기를 들었다 내렸다 하려면
편한 바지가 좋으니 잘 늘어나는
추리닝 바지를 입게 되는 자금의 현실..

우리의 미(美)

"엄마, 머리 좀 예쁘게 해. 머리가 그게 뭐야. 너무 바짝 자르지 마. 엄마는 커트라도 좀 길러서 웨이브를 넣어야 더 우아해 보이고 예쁘단 말이야. 너무 짧게 자르니깐 사나이 같아."

"나는 이게 편해. 일할 때 머리가 길면 신경 쓰이고 영 불편하단 말이야. 짧게 잘라야 시원하고 일하기도 편하지. 먹고 살려니 예쁜 머리가 잘 안 된다."

"에이 그런 게 어디 있어. 여자가 자고로 좀 꾸며야지."

엄마의 머리를 보고 있노라니 한숨이 절로 나왔다. 키도 작은 편인데 살은 쪘고, 얼굴은 큰 편인데 머리를 남자 커트로 바짝 자르니 두목 같아 보이기도 했고, 기가 센 동네 아줌마를 보는 것 같았다. 옷도 좀 예쁘게 입고 머리도 분위기 있게 웨이브를 넣으면 참 좋으련만 엄마는 왜 편한 것만 추구할까. 아빠도 남잔데 아빠한테 잘 보이려면 좀 꾸며야 하지 않을까. 하지만 엄마는 늘 "너도 나처럼 살아봐라, 꾸며지나. 꾸밀 정신이 나나. 편한 작업복에 머리는 바짝 잘라야 정신도 바짝 나서 벌어먹을 수 있는 거여. 배부른 소리 하지 마라." 하시며 아빠 일을 도와 건축 현장에서 몸 쓰는 일도 마다하지 않으셨다. 여자인지 남자인지, 여자의 탈을 쓴 남자인지.

 엄마가 동창회에 갔다 와서 서글퍼 속이 쓰렸던 일이 있었다고 뒤늦게 나에게 고백했던 날이 있다. 엄마의 친구 모두가 동창회에 나오며 한껏 꾸미고 나왔는데, 엄마는 아빠의 일을 도우시다가 부랴부랴 작업복을 그대로 입고 동창회에 등장한 것이다. 모두가 엄마를 위아래로 스캔하며 인상을 찌푸렸더랬다.
 "경희야 동창회 나오면서 옷이 그게 뭐니, 예의가 있어야지. 좀 예쁘게 입고 다녀라."
 멋 대신 먼지가 한껏 묻은 옷을 엄마는 위아래로 훑은 뒤 기죽지 않고 더 당당하게 친구들에게 한마디 하셨더랬다. "꼭 쫙 빼입어야 멋이니? 이건 내 멋이야!"

민망하기도 하셨겠지만 민망함을 당당함으로 가린 엄마. 엄마는 쓴웃음을 소주와 함께 삼키며 동창회 자리를 마무리했고, 집에 돌아와 친구들에 대한 서운함과 민망함을 독백으로 푸셨더랬다.

 엄마의 삶을 잘 헤아리지 못한 철부지 딸로서 그때는 엄마의 마음을 다 이해하지 못했다.
 '좀 챙겨서 잘 입고 가지….'
 딸로서 안타까움이 먼저였다. 꾸미는 일도 호사라는 엄마의 말이 나에게는 화살처럼 꽂혔고, 엄마처럼 살게 될까 봐 가슴이 쪼그라들기도 했다.

 그런데 아기를 낳고 내 얼굴을 보니 머리는 이쪽으로 비쭉, 저쪽으로 비쭉 흘러내린 망나니가 서 있다. 아기 낳은 것이 죄도 아닌데 왜 탈옥한 죄수가 서 있을까. 내 몰골을 보니 머리를 짧게 잘라야겠다는 생각이 번뜩 스치며, 일할 때는 짧은 머리가 편하다는 엄마의 음성이 들려오는 듯했다. 임신과 출산으로 다 들어가지 않은 배와 여린 아기의 피부를 고려해 헐렁한 면 티셔츠를 입고, 아기를 들었다 내렸다 하려면 편한 바지가 좋으니 잘 늘어나는 추리닝 바지를 입게 되는 지금의 현실. 나의 멋보다는 육아하기 편한 복장이 먼저일 수밖에 없는 현실이 나에게도 찾아왔다. 나의 미가 잘 드러나는 옷을 입고 연애 때처럼 남편을 홀딱 빠지게 하고 싶은 마음도 있지만, 아기를 보려면 편한 복장과 머리가 우선이다.

"원장님, 머리 최대한 짧게 잘라 주세요. 머리숱도 많아서 감기도 말리기도 힘드네요."

"그죠, 지금은 양치하기도 힘들 때죠."

아기를 키워 본 미용실 원장님이 한 술 더 거들어 주신다. 기르려던 머리를 싹둑 자르고 짧은 단발로 탈바꿈했다. 머리가 짧으니 감기도 말리기도 한결 수월했다. 엄마의 마음이 이런 거였을까.

"머리가 길면 신경 쓰여서 일하기 거슬려. 바짝 잘라 버려야 관리하기도 편하고 좋지."

엄마의 음성이 들려오는 듯하다.

엄마가 되면 여자랑은 거리가 멀어진다는데 나도 그런 걸까. 한때는 외모도 잘 가꾸고 나에게 어울리는 패션과 헤어스타일이 뭔지 고민하며 시도하는 시기도 있었는데 이제는 편한 것을 더 추구하게 되는 현실에서 왠지 이질감과 아쉬움이 느껴진다. 그리고 이제는 역으로 엄마가 나에게 잔소리를 하신다. "은지야 너 머리가 그게 뭐니, 옷도 좀 예쁘게 입고 다녀." 엄마는 당신의 과거가 떠올라 속이 상하신 걸까. 딸만큼은 여자답게, 고급스럽고 정갈하게 하고 다녔으면 하는 게 엄마의 마음일까. 물론 털어도 없는 살림에 아기 셋을 키우느라 고생한 엄마의 시퍼런 노고와 비교하는 게 맞지 않을 수 있지만, 엄마의 과거와 딸의 현재가 이어지는 날이다.

'아기를 낳고 기르며 터진 허리디스크가 다 나으면 운동도 열심히 해서 건강해질 거야. 그리고 나에게 어울리는 옷과 머리. 나에게 어울리는 '미'(美)를 잃지 않을 거야. 더불어 '마음의 미(美)'도 챙길 거야.'

'보편적인 미(美)'를 쫓아가기보다는 '나만의 미(美)'를 잃지 말아야겠다는 마음을 다지며 거울을 바라본다. '아기가 좀 더 크면 친정엄마와 함께 미용실도 가고 어울리는 예쁜 옷도 사 입어야지. 엄마는 지금 그럴 때가 됐잖아. 꾸미는 건 호사라는 엄마의 속 쓰린 말이 이제는 추억거리가 됐으면 좋겠어.'
"엄마, 우리도 여자야."

그동안 목말랐던 풀잎들도

빗듣을 잔뜩 머금으며 목성을 내고 있듯,
선선해진 가을날,
꿈의 열망을 가져보는 시간이다.
가을비 속에 아롱아롱 두런거림이다.

가을비, 마음속 작은 물살

 어느덧 1년의 3분의 2가 지나갔다. 9월도 어느덧 저물어 가고 10월이 고개를 내밀고 있다. 그간 참 더웠다. 9월이면 선선한 바람을 쐬며 아기와 함께 산책하기 참 좋은 계절이기도 한데 내가 알고 있는 계절의 이미지와는 사뭇 달랐다. 동남아를 연상케 하는 더위로 아기와 산책하기에는 너무나도 더운 열기였다. 그래서 어쩔 수 없이 집에 콕 박혀 답답하게 있을 수밖에 없는 날들이 많았다.
 '언제쯤이면 시원해지려나.'
 아기를 안고 창문을 내다보며 그날을 기다리고 또 기다렸다.

 너무 더워 매미도 잠적한 것 같은 뜨거운 여름이, 길고 긴 인사를 남기며 훌쩍 떠나버렸다. 지금은 시원하게 비가 내리고 있다. 지독했던 열기가 무섭게 가라앉았다. 이렇게 날씨가 급격히 달라져도 되는 건가. 그렇게 기다리던 촉촉한 가을비가 이제야 우리를 만나러 왔다. 그런데 그간 너무 더워서 하늘도 노했을까. 부슬부슬한 가을비가 장대비로 변하며 더위를 한 번에 가시게 한다. 거칠지만 참 반가운 빗살이다.

 기다리던 주말, 토요일.
남편에게 아기를 맡기고 혼자만의 외출을 했다. 멀리는 못 가고 집 앞 커피숍에 자리를 잡았다. 조용히 창밖을 바라보니 나무와 이름 모를 풀들이 아롱아롱 빗물을 머금고 있다. 일명 '풀멍'을 하며 따뜻한 커피 한 모금을 천천히 음미해 본다. 선선한 빗줄기에 더위를 씻어 내는 풀잎들을 보니 내 속도 함께 시원해지는 것 같다.

 책을 읽고 글을 쓰러 커피숍에 왔지만, 창밖의 푸르른 빗살에 계획했던 마음들을 잠시 내려놓아 본다.
아무 생각 없이 가만히 있어 보는 시간.
지나가는 생각의 꼬리의 꼬리를 잡지 않는 시간.
어디론가 흘러가는 빗물처럼 일어나는 생각도 흘러가는 대로 그대로 놓아보니, 마음에서 다시 작은 물살이 일기 시작한다.
그렇게 얼마나 있었을까. 문득 공부하고 싶은 열정이 일어난다. 그리고 어떤 공부를 해야 할지 찾아보게 된다. 마음의 쉼이 있어야 힘이 생기듯 잠시 마음을 내려놓는 시간 동안 에너지가 스멀스멀 쌓이기 시작한 것이다.
 '아동심리상담사, 전공 공부 등 그간 해보고 싶었던 공부를 틈틈이 해 나가야지.'

 기온은 내려갔는데 마음의 열기는 올라갔다. 하나 둘, 하고 싶은 공부들을 적다 보니 가슴이 뛰기 시작한다. 앞으로 내 꿈과 비전을 생각하면 반짝반짝 빛나 멈출 수가 없다. 내 딸 다온이 그리고 앞으로의 제자들과 함께 즐겁고 가치 있는 시간을 만들어 가려면 조금 더 공부하고, 조금 더 실천하는 엄마와 선생이 될 수밖에 없다.

 그동안 목말랐던 풀잎들도 빗물을 잔뜩 머금으며 욕심을 내고 있듯, 선선해진 가을날 꿈의 열망을 가져보는 시간이다. 가을비 속에 아롱아롱 두근거림이다.

초가을, 반짝이는 날에

가을 햇살에
나뭇잎들이 반짝인다.

어쩜 저렇게도 빛날까
어쩜 저렇게도 이쁠까

그들의 넋이
나의 혼을 빼놓는다.

초록 바람에 살랑살랑
흔들리는 이파리들.

"그래 많이 흔들려봐"
"그래 많이 흔들어봐"

숨 쉴 틈 없던 나날들
이제는 훌훌 털어버리고

"마음껏 마음대로
살랑거려 봐"

이제는 그래도 돼
날이 참 좋잖니.

내가 누구에게로 나와 어떻게 컸을까.
인간의 성장과정을 가장 가까이에서 바라보는 일
이 경이롭고 신비한 일을
엄마의 자리에서 경험해 보게 된다

아기가 생기면서 나의 꿈도 확산과 변화의
과정을 거치고 있다.

육아가 나를 키운다.

1.
아기가 모빌을 본다.
신기한 듯 뚫어지게 응시하고 있다.
매일 보는 모빌인데 뭐가 그리 신기할까.
신기한 눈으로 모빌을 바라보는 아기가
도리어 신비하다.
오른쪽 왼쪽 이쪽저쪽. 한 곳을 응시-

불현듯 우리도 이렇게 다각도로 인연을 바라보고 있는지 생각해 본다. 하나만 보고 내 생각에 휩싸여 상대를 바라보고 있지는 않은지, 상대의 입장을 헤아려보지 않고 한 번에 판단하고 정의 내리고 있지는 않은지... 차분하면서도 진중한 아기의 태도를 보고 배우는 날이다.

2.
이러지 마라, 저러지 마라.
이렇게 해라, 저렇게 해라.
엄마는 내 잔소리에 상처를 받았더랬다.
그래도 난 내 딸이 나에게만큼은 이래라저래라 이러쿵저러쿵 알려주는 지혜롭고 똑똑한 딸이었으면 좋겠다고 생각했었다. 잠시 후 스치는 생각. 딸이 지혜롭고 현명하다면 엄마한테 이러쿵저러쿵 아는 소리 내뱉으면서 자존심 상하게 하지는 않겠지.
있는 그대로 받아들이고 사랑으로 감싸주며 변화를 일궈가겠지. 난 지혜롭고 현명한 딸이 아니었다.
무엇보다 엄마의 마음을 헤아리는 딸이 아니었다.

3.
이러지 마라, 저러지 마라.
이렇게 해라, 저렇게 해라.
내 딸이 나중에 크면 나에게 가르치는 소리를 할까 봐 순간 겁이 났다.
그간 내가 친정어머니께 한 잔소리를 생각해 봤다.
친정어머니의 입장이 되어 봤다.
엄마의 마음이 어떨지 느껴졌다.

아팠다.
이제야 부끄럽고 죄송스럽다.

4.
아기 이유식을 내 밥상보다 더 정성스럽게 만든다.
 '오늘은 무엇을 만들어 주지?'
  영양을 생각하면서 제일 신선한 야채와 고기로 듬뿍 듬뿍. 부모님이 나에게 주신 사랑을 아기에게 그대로 물려준다고 생각했다.
그런데 불현듯 부모님께 죄송스러워진다. 정작 부모님께는 제대로 된, 정성스러운 밥상을 차려 드리지 못했기 때문이다. 내가 누구에게로 나와, 어떻게 컸을까.

5.
남편을 바라볼 때
이제는 내가 사랑하는 한 남자만이 아니라
우리집 가장이고
다온이 아빠라는 생각에
더 아껴주고, 사랑해주고, 존중해주고
인정해 줘야겠다는 마음이 든다.
더욱 깊고 넓은 사랑을 하게 된다.

6.
아기를 키우다 보면 아기의 시선으로 바라보게 되고, 나의 어렸을 적을 돌아보게 된다.
 '내가 아기였을 때 이런 모습이었겠지?'
 과거로 돌아가 다시 삶을 살아보는 것 같다.
아기의 탄생으로 나는 타임머신을 타서 과거로 돌아간 듯 다시 살고 있고, 지금은 엄마로서의 현재를 살고 있고, 내 딸과 함께 할 앞으로를 그리며 미래도 여행하고 있다.
이렇게 우리의 관계는 과거, 현재, 미래가 이어져 있다는 것을 다시금 깨닫는다.

7.
아기를 키우는 일이 부모의 희생이라 생각도 했었다.
하지만 아기도 하나의 존재와 인격체로 그저 '우리와 함께 살아가고 있다.'고 생각하면 부담감이 덜하다.
아기가 클 때 혼자 할 수 없는 부분에 부모의 손길과 시간이 필요할 뿐이다.
 '아기 때문에' 내 삶이 너무 힘들다?
 자식 키우는 일이 때로 힘이 드는 건 사실이지만, 아기한테 화살을 돌리며 삶을 부정하지 않았으면 좋겠다.

임신과 출산은 내가 선택한 일의 결과이기 때문이다. 아기가 자기를 낳아달라고 애써 빈 게 아닐 테니 말이다. 그러니 지금, 이 순간에 '너 때문에 힘들다.'가 아니라 나는 내가 한 일에 책임을 지고 있고, 할 수 있는 부분에 최선을 다하고 있으며, 함께 잘 살아가고 있음에 행복해하고 뿌듯해했으면 좋겠다.

8.
아기한테는 "내가 이렇게 해 줬으니까, 아가야 너도 나한테 이렇게 해 줘."라고 바라지 않는다.
그저 주어도 부족함을 느낀다. 내 딴은 최선을 다해도 가끔은 잘 못 해주는 것만 같아 미안함을 느낄 때도 있다. 아기의 발냄새, 땀냄새도 다 사랑스럽게만 느껴진다.
무조건인 사랑.
아기를 낳고 진정으로 배웠다.
죽기 전에 이런 사랑을 배워서 축복이고 다행이다.

9.
어렸을 때는 자라기 바빠, 주변을 탐색하기 바빠
내가 어떻게 자라는지 잘 바라보지 못했다.

아기 때는 기억조차 나지 않는다.
갓난아기에게서 기고, 앉고, 서고, 걷고, 뛰고,
점차 주변의 것들에 반응하고, 자신의 의견을 말하고.
인간의 성장 과정을 가장 가까이에서 바라보는 일.
이 경이롭고 신비한 일을 엄마의 자리에서 경험해 보게
된다.

10.
아기를 낳고 조금 더 부지런해졌다?
힘들지만 참 이상한 일이다. 집안 청소도 더 신경 써 하고, 이유식도 정성껏 만들어 먹이고, 육아 공부도 하고, 바쁘다는 핑계로 미뤄왔던 글도 쓰고, 내 꿈을 향한 공부도 조금씩 하고, 건강도 조금 더 신경 쓰고.
아기를 키우며 가족뿐만 아니라 그동안 소홀했던 나를 조금 더 챙기려 노력하고 있다.
내가 바로 서야 행복하고, 아기도 더 잘 키울 수 있기 때문이다. 아기가 생기면서 나의 꿈도 확산과 변화의 과정을 거치고 있다.

엄마로 눈부신 순간
ⓒ 김은지

1판 1쇄 발행 / 2025년 4월 18일

지은이   김은지
펴낸이   정은경
펴낸곳   에센츠
출판등록   2024년 7월 31일 제2024-000071호
주소   화성시 동탄순환대로 29길 60 에센츠
E-mail   nolda07@naver.com

· 책값은 뒷표지에 있습니다.
· 이 책의 판권은 지은이와 에센츠에 있습니다. 이 책 내용의 전부 또는
  일부를 재사용하려면 반드시 양측의 서면 동의를 받아야 합니다.
· 잘못된 책은 구입하신 서점에서 교환해 드립니다.
· 에센츠는 가장 본질적인 글로 사람과 책을 잇습니다.

값 16,800원
979-11-990321-2-5   03810